Jesus
für die ganze Familie

Text: Andrea Klimt
Zeichnungen und Gestaltung: Tom Klengel

JESUS FÜR DIE GANZE FAMILIE

Bilderbuch • Lese- und Vorlesegeschichten • Lexikon • Landkarten

Text: Andrea Klimt
Text Bilderbuch: Andrea Klimt, Tom Klengel
Zeichnungen & Gestaltung: Tom Klengel
Zeichnungen Hohepriester, Jakobus Alphäus, Natanael, Nazaret, Römer, Schwert, Soldat, Stammbaum: Robin Klengel

Gesamtleitung & Redaktion 2. Auflage: Katarina Angerer, KSH.Digital

Lektorat 2. Auflage: Dr. Armin Wunderli, Schulamt der Freikirchen in Österreich

Redaktion 1. Auflage: Dr. Wolfgang Schwarz, Österr. Kath. Bibelwerk
Lektorat 1. Auflage Prof. Hans Neuhold, Elke Petri, Maria Planyavsky, Dr. Brigitte Schagerl, Dr. Wolfgang Schwarz

Zitate aus der Einheitsübersetzung der Heiligen Schrift:
© 1980 Katholische Bibelanstalt GmbH, Stuttgart

Herausgeber & Verlag: KSH.Digital, Wien
2. neubearbeitete Auflage
ISBN 978-3-903325-01-2
(1. Auflage: Österr. Kath. Bibelwerk ISBN 978-3-853-96121-6)

Druck & Bindung: FINIDR, www.finidr.com

© 2019 KSH.Digital e.U. Wien
Alle Rechte vorbehalten

www.ksh.digital

INHALTSVERZEICHNIS

	Seite
Bilderbuch	
Teil 1: Jesus wird geboren	4
Teil 2: Jesus, unser Freund	32
Teil 3: Jesus ist auferstanden	66
Lese- und Vorlesegeschichten	
Teil 1: Jesus wird geboren	96
Teil 2: Jesus, unser Freund	126
Teil 3: Jesus ist auferstanden	154
Lexikon	188
Landkarten	292

Dieses Buch wird seit 2015 in österreichischen Schulen im Religionsunterricht verwendet. Begleitendes Lern- und Lehrmaterial zum Herunterladen:
www.kinderbibel.net/didaktisches-arbeitsmaterial

Vorwort

In diesem *Kinderbibel* Buch wird die Geschichte von Jesus und seinen Freunden und Freundinnen als *Bildergeschichte* und als *Lese- und Vorlesegeschichte* erzählt.

Die Geschichte von Jesus wurde vor langer Zeit von vier verschiedenen Schriftstellern aufgeschrieben und in der Bibel überliefert. Einige Erzählungen daraus sind in diesem Buch zusammengestellt.

Damit Ihr erkennen könnt, welcher der vier Schriftsteller die Geschichte in der Bibel erzählt, haben wir in die Ecke am Seitenrand die Symbole für die jeweiligen Schreiber gesetzt:

Markus - Matthäus - Lukas - Johannes

Wenn Ihr die Geschichten lest oder die Bilder anschaut und Fragen habt, kann Euch das *Lexikon* weiterhelfen, in dem Ihr viele Erklärungen zu den Bilder- und Lesegeschichten findet.

Die *Kinderbibel* ist von Religionspädagoginnen und -pädagogen aus verschiedenen christlichen Kirchen überkonfessionell erarbeitet worden. Sie richtet sich an alle Menschen, die sich für das Leben von Jesus interessieren.

Im Rahmen der *Kinderbibel* erscheinen interaktive Animationen, Apps, E-Books und Bücher in mehreren Sprachen.

„Jesus für die ganze Familie" ist ein Buch für Kinder und Erwachsene, die gerne gemeinsam die Geschichten von Jesus lesen.

Zum Buch erarbeiten wir Ideen für die Unterrichtsgestaltung und stellen illustrierte Arbeitsblätter zu aktuell relevanten Themen auf der Webseite www.*Kinderbibel*.net zum Herunterladen bereit.

Wir wünschen allen kleinen und großen Leserinnen und Lesern viel Freude beim Eintauchen in die Geschichte von Jesus.

Andrea Klimt, Tom Klengel, Herbert Schoger und Katarina Angerer

Zacharias ist mit anderen Priestern beim Tempel.

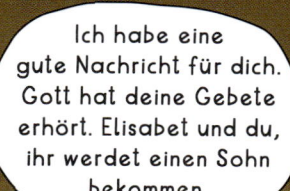

Lukas 1,21-25

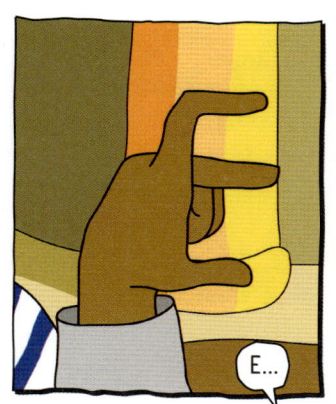

Lukas 1,26-38

Das ist Maria. Sie wohnt in Nazaret, einer kleinen Stadt.

Sie ist eine sehr junge Frau, aber schon mit Josef verlobt.

Ihn wird sie heiraten, wenn die Zeit dazu da ist.

Maria wohnt bei ihren Eltern und hilft dort im Haushalt mit.

Eines Tages besucht sie ein Bote von Gott und spricht mit ihr.

Hallo, Maria, ich grüße dich! Gott hat dich ausgesucht.

Matthäus 1,18-25

Lukas
1,39-56

Lukas 1,57–80

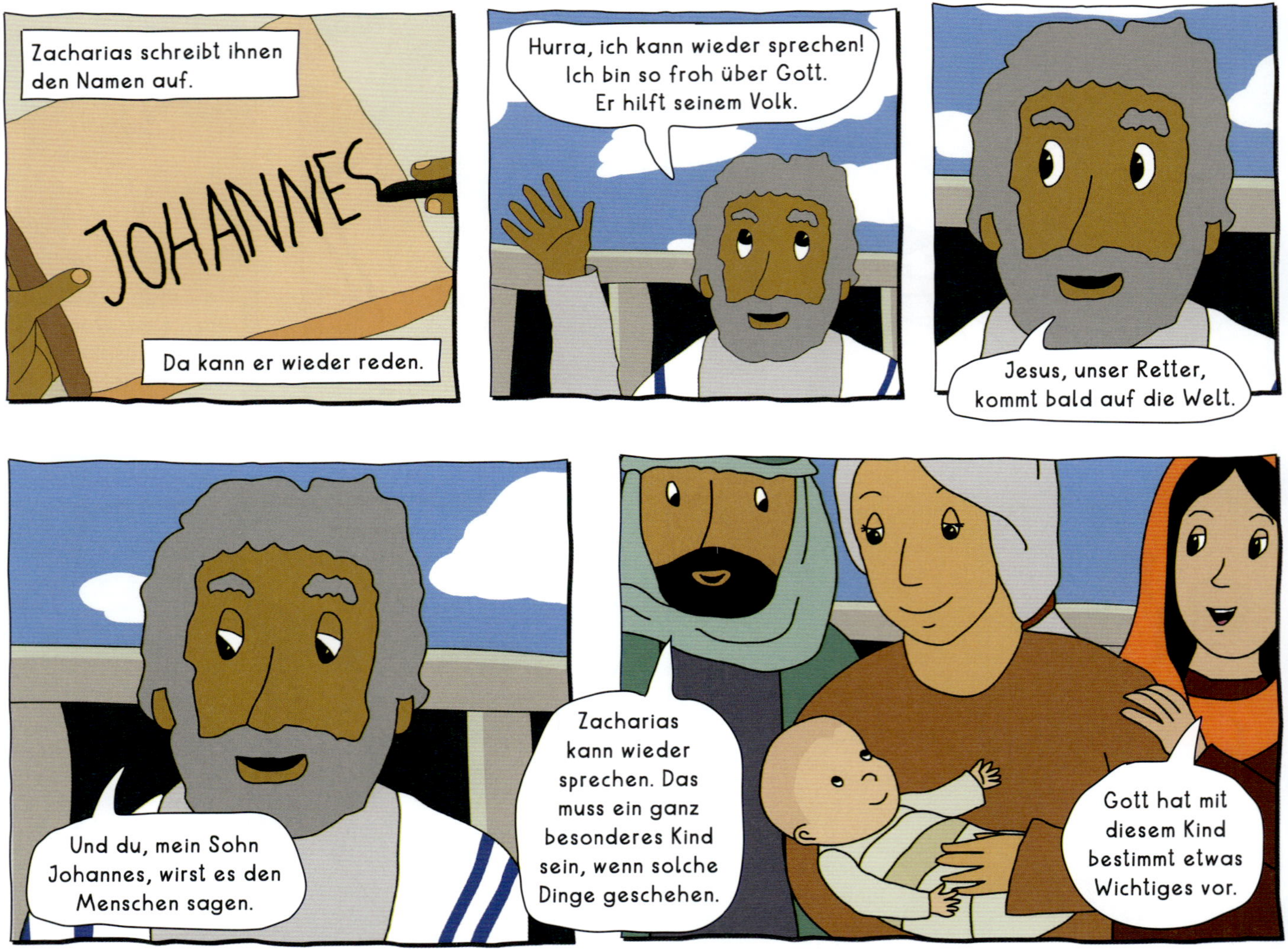

Einige Wochen später müssen Maria und Josef nach Betlehem reisen, weil der Kaiser gerne wissen möchte, wie viele Menschen in seinem Land leben.

Alle sollen in die Stadt reisen, aus der ihre Familie kommt.

Lukas 2,1-5

Also machen sich Josef und Maria auf den Weg nach Betlehem, der Stadt von Josefs Familie.

Es ist eine sehr anstrengende Reise.

Als sie in Betlehem ankommen, suchen sie nach einer Unterkunft.

KLOPF KLOPF

Im Gasthaus ist kein Platz mehr.

Am Ende ihrer Reise finden sie aber doch noch eine Unterkunft. In einem Stall, bei den Tieren, können sie bleiben.

Lukas 2,6-7

Dort bekommt Maria ihr Kind.

Sie wickelt es in Windeln und legt es ...

... in einen Futtertrog.

Matthäus 2,3-8

Matthäus 2,9-11

Matthäus 2,12-15

Matthäus 2,16-23

Lukas
3,1-16
Markus
1,1-11
Matthäus
3,13-17
Johannes
1,23-34

Etwa 30 Jahre später ...

Weit draußen in der Wüste ...

... lebt Johannes.

Seine Kleidung ist aus Kamelhaar. Sie wird von einem Ledergürtel gehalten.

Er isst, was er in der Wüste findet: Heuschrecken und den Honig von wilden Bienen.
Ändert euer Leben!
Aus der ganzen Gegend kommen Menschen zu ihm. Sie wollen hören, was er zu sagen hat.
Kommt zu Gott und lasst euch taufen!
Zeigt durch eure Taten, dass ihr euch ändern wollt!
Was sollen wir denn tun, Johannes?
Wer zwei Hemden hat, soll dem eines geben, der keines hat!
Und wer etwas zu essen hat, soll mit dem teilen, der Hunger hat!

Wirst du uns von der Herrschaft der Römer, die unser Land mit Soldaten besetzen, befreien?

Bist du der von Gott versprochene Retter und Erlöser, auf den wir schon so lange warten?

Nein, ich taufe nur mit Wasser. Nach mir aber kommt jemand, der wird euch mit dem Geist Gottes taufen. Ich bin nicht einmal gut genug, ihm die Schuhe auszuziehen.

Viele Menschen lassen sich von Johannes im Fluss Jordan taufen. Johannes taucht sie im Wasser unter. Damit zeigen sie, dass sie ihr Leben ändern wollen.

Auch Jesus kommt zu Johannes.

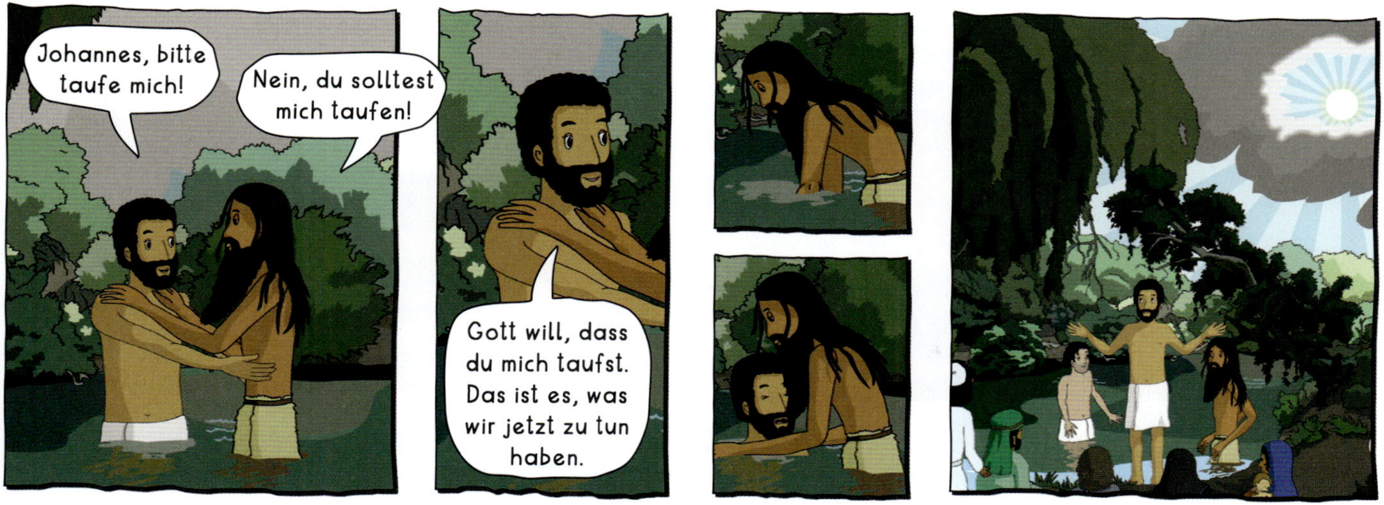

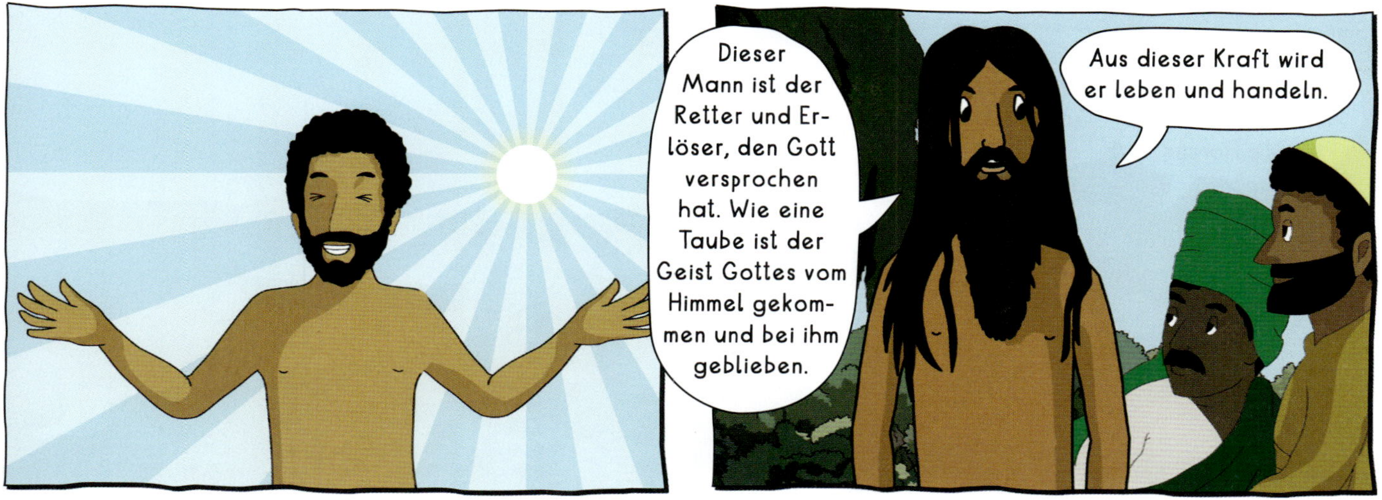

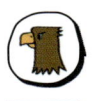

Markus
1,12–13
Matthäus
4,1–11
Lukas
4,1–13

Wie Johannes zieht sich Jesus in die Wüste zurück. Er bleibt 40 Tage allein.

Er betet und fastet. Er bereitet sich so auf seinen besonderen Weg vor.

Danach wandert Jesus durch die Dörfer von Galiläa. Er erzählt den Menschen von Gott, von seiner großen Liebe zu allen Menschen.

Markus
1,14–20
Matthäus
4,17–22
Johannes
1,35–51

Das Reich Gottes ist ganz nahe! Es kommt zu euch und in eure Herzen.

Freut euch darüber! Vertraut euch ihm an, Gott meint es gut mit euch!

Jesus geht am See Gennesaret entlang. Er sieht zwei Fischer, die gerade ihr Netz auswerfen, um zu fischen.

38

Es sind Simon und sein Bruder Andreas.

Hallo Simon, hallo Andreas!

Kommt mit mir! Ich will euch zu Menschenfischern machen.

Sofort lassen die beiden ihre Netze liegen. Sie gehen von nun an mit Jesus.

Du bist Simon!

Ab jetzt sollst du auch Petrus heißen. Du sollst ein starker Fels sein.

Denn Petrus bedeutet übersetzt „Fels".

Ein Stück weiter sieht Jesus zwei andere Brüder: Jakobus und Johannes. Sie sitzen beim Boot und flicken ihre Netze. Auch ihr Vater Zebedäus und seine Gehilfen sind dort.

Jesus fragt auch sie, ob sie mit ihm kommen wollen. Da lassen sie ihren Vater zurück und gehen mit Jesus.

Dies sind die ersten Menschen, die sich Jesus anschließen.

Später werden es noch viel mehr sein.

Einige Tage später wird in Kana eine Hochzeit gefeiert.

Johannes 2,1-12

Jesus, seine Freunde und Freundinnen sind eingeladen. Maria, seine Mutter, ist auch dabei.

Jesus, es gibt keinen Wein mehr.

Was geht mich das an? Meine Zeit ist noch nicht gekommen!

Tut alles, was Jesus euch sagt!

Sechs große Wasserkrüge stehen dort bereit. Die Hochzeitsgäste brauchen sie, um sich zu waschen.

Füllt diese Krüge mit Wasser.

Gib dem Speisemeister einen Becher davon zum Kosten.

Der Speisemeister weiß nicht, was in diesem Becher ist.

"Warum hast du den besten Wein bis jetzt aufgehoben? Keiner macht das so. Den guten Wein gibt es normalerweise zuerst."

Freunde und Freundinnen von Jesus merken, dass hier etwas ganz Besonderes geschieht:

Wasser wird zu gutem Wein.

Jesus zieht mit seinen Freunden und Freundinnen durchs Land. Er erzählt überall von der Liebe Gottes zu allen Menschen.

Viele Menschen verlieren ihre Angst, die sie quält. Viele werden gesund.

Matthäus 5–7

Das spricht sich schnell in der ganzen Gegend herum. Immer mehr Menschen kommen zu ihm. Sie wollen hören, was Jesus über Gott zu sagen hat.

Alle Menschen, die zu Gott gehören, dürfen sich ganz besonders freuen, alle, die jetzt arm oder traurig sind, und alle, die leiden.

Freut euch, denn Gott steht auf eurer Seite!

Er wird für euch sorgen und alles zum Guten wenden.

So könnt ihr beten:

Gott, du bist unser guter Vater.

Danke, dass du uns jeden Tag gibst, was wir zum Leben brauchen.

Ihr Menschen macht euch so viele Sorgen. Ihr fragt euch, was ihr essen und trinken werdet.

Schaut einmal dort, die Vögel!

Sie pflanzen kein Getreide an. Sie ernten nicht. Sie machen sich auch keine Vorräte. Aber sie haben immer genug zu essen. Gott sorgt für sie.

Oft zerbrecht ihr euch den Kopf: Was sollen wir anziehen? Seht ihr die Blumen da drüben?

Wie schön sie sind! Nicht einmal ein König ist so schön angezogen wie sie.

Panel 1: Gott hat sie so schön gemacht. Gott kümmert sich auch um kleine Vögel und einfache Blumen.

Aber ihr seid ihm noch viel wichtiger als diese Blumen. Gott sorgt für euch.

Panel 2: Vertraut ihm! Habt keine Angst! Sorgt euch um Gottes Reich, um dieses sollt ihr euch kümmern.

Panel 3: Die Sorge um euer Leben überlasst ruhig Gott.

Er wird für euch sorgen, wie er es schon immer getan hat.

Panel 4: Zum Abschluss sagt Jesus noch:

Wer hört, was ich sage und danach handelt, der ist wie ein Mensch, ...

... der sein Haus auf festem Boden baut. Es wird jedem Sturm und Regen standhalten. Dieser Mensch wird sicher sein.

In Kafarnaum ist Jesus in ein Haus eingeladen. Viele Menschen sind gekommen, um ihm zuzuhören. Das Haus ist voller Leute. Niemand kann mehr hinein.

Markus 2,1-12
Matthäus 9,1-8
Lukas 5,17-26

Vier Männer wollen einen Gelähmten zu Jesus bringen. Aber sie kommen nicht in das Haus hinein.

Da decken sie das Dach ab...

47

... und lassen den gelähmten Mann zu Jesus hinunter.

Jesus sieht, dass die Männer ihm vertrauen.

Gottes Liebe ist ganz für dich da. Steh auf! Nimm deine Liege und geh!

Da steht der Mann auf und geht umher.

So etwas haben wir noch nicht erlebt!

Es ist Sabbat. Niemand darf heute etwas tun, nicht arbeiten und auch nicht kochen. Dieser Tag soll ganz für Gott da sein.

Jesus geht in eine Synagoge.

Markus 3,1-6
Matthäus 12,9-14
Lukas 6,6-11; 14,1-6

Dort ist ein Mann, der seine Hand nicht mehr bewegen kann.

Auch einige von den Pharisäern und Schriftgelehrten sind dort. Sie sind gespannt, ob Jesus den Mann heilen wird. Das ist nach ihrer Meinung am Sabbat nicht erlaubt.

Komm in die Mitte!
Was darf man am Sabbat tun, Gutes oder Böses? Ist es erlaubt, einem Menschen zu helfen?
Keiner sagt etwas.
Zeig mir deine Hand!
Der Mann zeigt Jesus seine Hand.
Da kann er sie wieder bewegen.
Zornig verlassen die Pharisäer die Synagoge.
Wir müssen etwas gegen ihn tun!
So geht das nicht weiter. Jesus hält sich nicht an das Gesetz.

Jesus redet mit seinen Freunden und Freundinnen viel über Gottes Reich. Er möchte, dass sie Gott besser kennen lernen und dass sie verstehen, wie sehr Gott seine Menschen liebt.

Er erzählt ihnen Geschichten von Gottes großer Liebe. Einmal erzählt er von einem fleißigen Bauern:

Ein Bauer geht und bereitet sein Feld vor.

Markus 4,1-9
Matthäus 13,1-9
Lukas 8,4-8

Er räumt die Steine zur Seite und pflügt die Erde um.

Dann streut er den Samen aus.

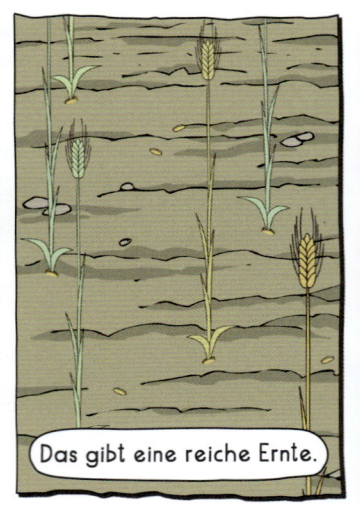

Von dem Samen fällt ein wenig auf den Weg. Gleich kommen Vögel und picken die Körner auf.

Ein wenig fällt auf steinigen Boden. Dort können die jungen Pflänzchen keine Wurzeln bekommen.

Und ein wenig fällt unter die Büsche. Dort können die Samen nicht gut wachsen.

Aber die meisten Körner fallen auf den guten Boden und dort gehen sie auf.

Das gibt eine reiche Ernte.

Aus einem einzigen Korn können dann dreißig, sechzig oder hundert Körner wachsen.

So ist das auch mit den Menschen, die auf Gottes Wort hören. Sie werden reich gesegnet sein.

Dann erzählt Jesus seinen Freundinnen und Freunden einmal diese Geschichte:

Ein Mann hat zwei Söhne.

Lukas 15,11-32

Der jüngere Sohn bittet seinen Vater, ihm sein Erbe auszuzahlen. Der Vater teilt sein Vermögen auf.

Ein paar Tage später verlässt der jüngere Sohn seinen Vater und reist ins Ausland.

Dort genießt er sein Leben und gibt all sein Geld aus.

Eine Hungersnot kommt über das Land. Dem jüngeren Sohn geht es nun sehr schlecht.

Er findet Arbeit bei einem Bauern und hütet dort die Schweine. Sein Hunger ist sehr groß. Er würde gerne etwas vom Schweinefutter essen, aber er bekommt nichts davon.

Auf einmal fällt ihm sein Vater wieder ein.

Er beschließt, nach Hause zurückzugehen.

Sein Vater sieht ihn schon von Weitem. Er freut sich und läuft ihm entgegen.

Du bist und bleibst mein Sohn.

Sie feiern ein großes Fest. Der Sohn bekommt ein schönes Kleid, und es gibt ein besonderes Festessen.

Als der ältere Sohn das sieht, wird er sehr wütend. Er spricht mit seinem Vater:

Ich habe immer für dich gearbeitet, aber für mich hast du noch nie so ein schönes Fest gemacht.

Der Vater sagt zu ihm:

Du bist mein Sohn und warst immer bei mir. Was mir gehört, das gehört auch dir. Dein Bruder aber war weit weg. Es war, als ob er tot gewesen wäre. Aber er lebt und er ist jetzt wieder bei uns. Das wollen wir feiern.

Lukas 15,1-7

Jesus spricht mit seinen Freunden immer wieder vom Reich Gottes. Sie sollen wissen, wie sehr Gott seine Menschen sucht.

Diesmal stellt er seinen Freundinnen und Freunden eine Frage.

Ein Mann hat hundert Schafe und eines läuft ihm davon. Was wird er tun?

Wird er nicht neunundneunzig Schafe zurücklassen, um das eine zu suchen, das sich verlaufen hat?

Und wenn er es endlich gefunden hat, wird er sich sehr freuen.

Genauso ist Gott auf der Suche nach den Menschen, die ihm verloren gegangen sind.

Das ist Jairus. Er ist der Vorsteher der Synagoge.

Markus 5,21-43
Matthäus 9,18-26
Lukas 8,40-56

Meine kleine Tochter ist schwer krank, sie wird sterben. Jesus, bitte, komm und hilf uns.

Jesus geht mit Jairus. Viele Menschen folgen ihnen und drängen sich um Jesus.

Eine Frau versucht, zu ihm zu kommen. Sie ist seit zwölf Jahren sehr krank. Sie blutet und es hört nicht auf. Sie war schon bei vielen Ärzten, aber niemand kann ihr helfen.

57

Jetzt hofft sie, dass Jesus sie heilen kann. Sie berührt den Zipfel seines Mantels. Da hört das Blut sofort zu fließen auf.

Jesus bemerkt es und fragt:

Welche Frau hat meinen Mantel berührt?

Hier sind so viele Menschen, die dich berühren. Du siehst doch, wie sich alle um dich drängen.

Ich war es. Ich habe gehofft, dass du mir helfen kannst.

Du vertraust mir, darum bist du jetzt gesund. Der Friede Gottes wird dich begleiten.

Deine Tochter ist bereits gestorben. Jesus braucht nicht mehr zu kommen.

Hab keine Angst, vertraue mir!

Jesus geht mit Jairus nach Hause. Er nimmt nur Petrus, Jakobus und Johannes mit.

"Warum weint ihr? Sie schläft doch nur."

Jesus geht zum Mädchen hinein.

Er fasst das Mädchen bei der Hand und sagt:

"Mädchen, steh auf!"

Sofort steht das Mädchen auf und geht umher. Es ist zwölf Jahre alt.

"Sagt niemandem, was hier geschehen ist! Und bringt dem Mädchen etwas zu essen!"

Markus
6,30-44
Matthäus
14,13-21
Lukas
9,10-17
Johannes
6,1-13

Jesus, seine Freunde und Freundinnen wollen sich ausruhen, aber wieder sind unzählige Menschen gekommen. Da hat Jesus Mitleid mit ihnen, denn sie sind wie Schafe ohne einen Hirten. Also nimmt er sich viel Zeit und spricht mit den Menschen über Gott. So wird es bald Abend.

Schick die Menschen nach Hause, sie sind hungrig und es ist schon spät. Jetzt können sie sich noch etwas zu essen besorgen.

Gebt ihr ihnen zu essen!

Wie sollen wir das tun? So viel Geld haben wir nicht.

Was habt ihr denn zum Essen da? Geht und seht nach!

"Wir haben nur fünf Brote und außerdem zwei Fische."

Dann nimmt Jesus die fünf Brote und die zwei Fische, blickt zum Himmel empor, lobt und dankt Gott.

Er bricht die Brote auseinander und lässt die Stücke von seinen Freunden an die Menschen austeilen, ebenso die Fische.

Alle bekommen genug zu essen und werden satt. Am Ende bleiben sogar noch zwölf Körbe mit Resten übrig. Etwa 5000 Menschen haben an diesem Mahl teilgenommen.

Lukas 10,25-37

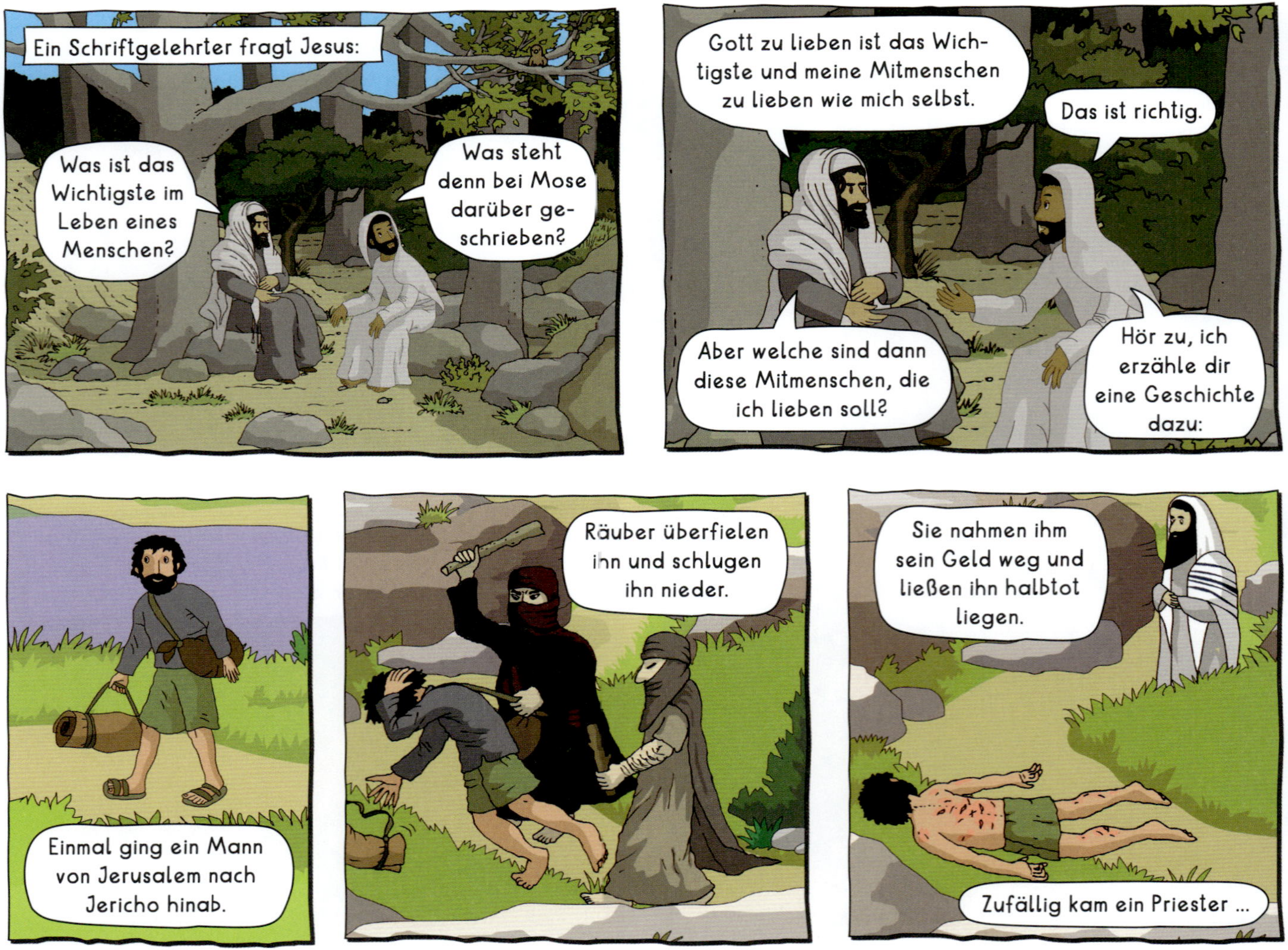

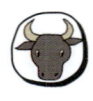

... denselben Weg entlang, er sah den Mann und ging weiter.

Dann kam ein Levit, ein Diener im Tempel, er sah ihn und machte einen großen Bogen um den verwundeten Mann.

Dann kam ein Samariter. Als er den Mann sah, hatte er Mitleid mit ihm.

Er kümmerte sich um den Mann, verband seine Wunden ...

... und brachte ihn zu einem Gasthaus.

Dem Wirten sagte er:

Versorge den Mann gut! Sollte das Geld nicht reichen, gebe ich dir den Rest auf der Rückreise!

Jesus fragt den Schriftgelehrten:

Wer hat sich dem verletzten Mann gegenüber nun als Nächster und als liebevoller Mitmensch erwiesen?

Der, der ihm geholfen hat.

Genau das sollst du auch für deine Mitmenschen tun.

Markus 10,13-16
Matthäus 19,13-15
Lukas 18,15-17

Einige Frauen bringen Kinder zu Jesus. Er soll sie segnen.

Geht weg!

64

Nein, lasst das!
Die Kinder gehören zu mir.
Ihnen gehört das Reich Gottes.
Wer Gott so vertraut wie ein Kind, der ist ihm ganz nahe.
Und Jesus nimmt die Kinder in seine Arme und segnet sie.

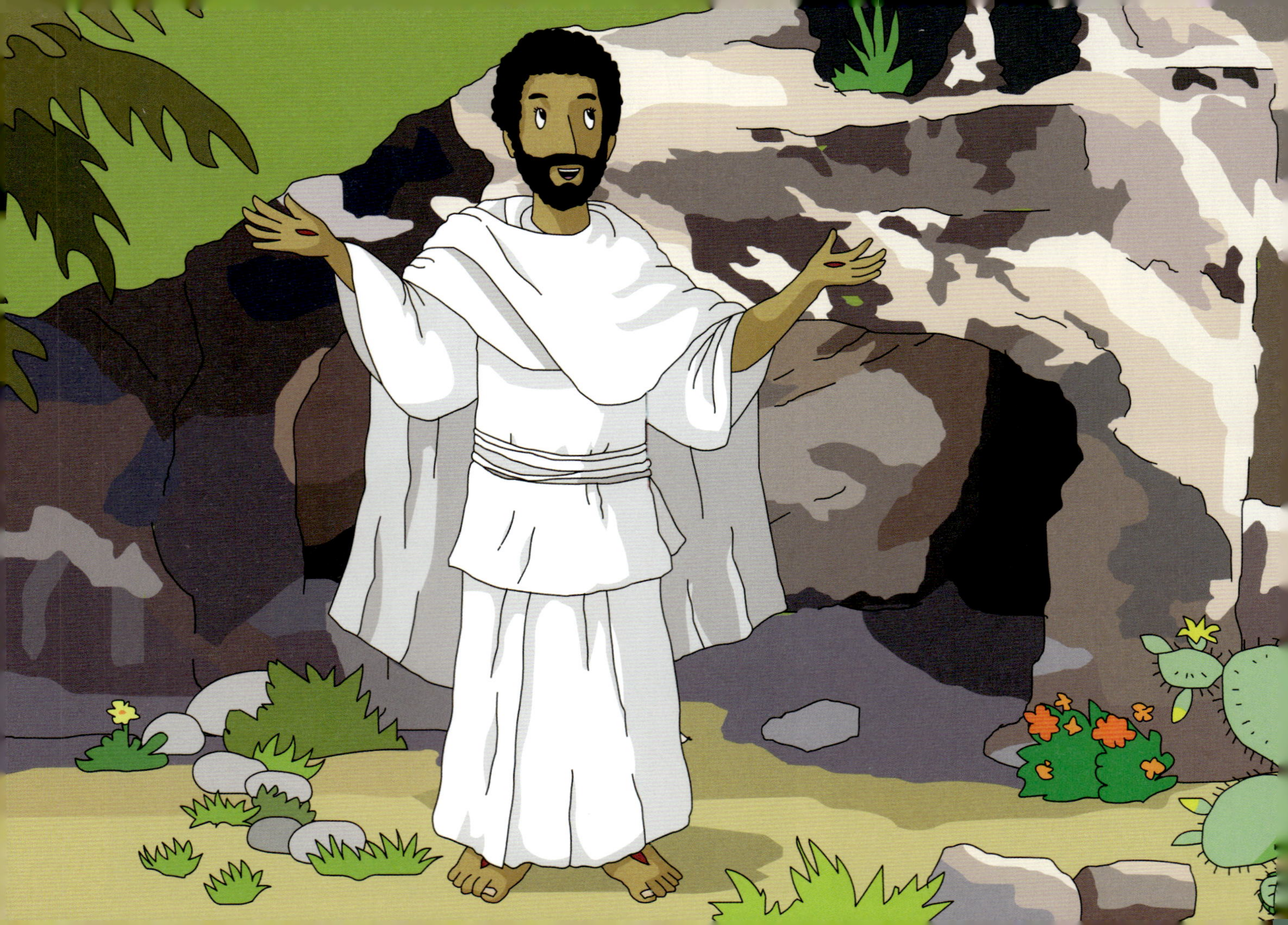

Teil 3

Jesus ist auferstanden

Lukas
18,31-34;
9,22.44
Markus
8,31-33;
9,30-32;
10,32-34
Matthäus
16,21-23;
17,22-23;
20,17-19

Jesus wandert mit seinen Freunden und Freundinnen durch Städte und Dörfer. Er heilt viele Menschen und erzählt ihnen von Gottes Reich. Auf dem Weg nach Jerusalem spricht Jesus mit seinen Freunden über seinen nahen Tod:

"Wenn wir in Jerusalem sind, dann wird der Menschensohn gefangen genommen und zum Tod verurteilt werden. Er wird verspottet und getötet werden. Aber nach drei Tagen wird er vom Tod auferstehen."

Freundinnen und Freunde von Jesus verstehen nicht, was er ihnen sagen will. Sie wissen überhaupt nicht, wovon er spricht.

Am Stadtrand von Jericho sitzt ein blinder Bettler am Straßenrand und ruft:

Jesus, Sohn Davids, hilf mir!

Sei still!

Sohn Davids, hab Mitleid mit mir!

Markus 10,46-52
Matthäus 20,29-34
Lukas 18,35-43

Da bleibt Jesus stehen und sagt:

Ruft ihn her!

Hab nur Mut! Steh auf! Jesus ruft dich.

Was soll ich für dich tun? Warum rufst du mich?

Herr, ich möchte wieder sehen können.

69

"Weil du glaubst, bist du geheilt!"

Und im selben Augenblick kann der blinde Mann sehen ...

... und geht mit Jesus.

Nahe Jerusalem kommen Jesus, seine Freunde und Freundinnen zu einem kleinen Dorf.

Geht in das Dorf! Dort findet ihr eine Eselin und ihr Junges. Bindet sie los und bringt sie zu mir.

Und wenn euch jemand fragt, was ihr da tut, dann sagt: Der Herr braucht sie.

Markus 11,1-11
Matthäus 21,1-11
Lukas 19,28-40
Johannes 12,12-19

Was macht ihr da? Warum bindet ihr sie los?

Der Herr braucht sie und wird sie bald wieder zurückschicken.

Die Menschen in der Stadt begrüßen Jesus wie einen König und jubeln ihm zu.

Sie breiten ihre Kleider wie einen Teppich auf dem Weg aus. Manche nehmen dazu auch Zweige von den Büschen und Bäumen.

"Wer ist dieser Mann?"

"Das ist der Prophet Jesus aus Nazaret in Galiläa."

In der Vorhalle des Tempels sind viele Händler. Einige verkaufen Opfertiere.

Markus
11,15-19
Matthäus
21,12-17
Lukas
19,45-48
Johannes
2,13-16

Andere wechseln Geld in Opfermünzen.

Als Jesus das sieht, wird er sehr zornig ...

...und jagt die Händler hinaus.

73

"Raus mit euch! Der Tempel ist ein Ort, um zu beten. Ihr habt eine Räuberhöhle daraus gemacht!"

Als die Priester und Schriftgelehrten das hören, beschließen sie, Jesus zu töten.

Sie haben Angst, dass zu viele Menschen auf ihn hören. Sie wollen Jesus heimlich verhaften, damit es keine Unruhe im Volk gibt.

Lukas 22,1-6
Markus 14,1-2. 10-11
Matthäus 26,3-5. 14-16

Da kommt Judas, ein Freund von Jesus, zu ihnen. Er will den Hohenpriestern helfen, Jesus unauffällig festzunehmen. Damit niemand etwas merkt, will er ihnen verraten, wo sie Jesus in der Nacht finden können.

Die Priester freuen sich und wollen Judas Geld dafür geben. Jesus aber kommt immer wieder in den Tempel und erzählt den Menschen von Gott.

74

Am Abend sind Jesus und seine Freunde zum Essen zusammengekommen.

Jesus nimmt ein Tuch, gießt Wasser in eine Schüssel und beginnt, seinen Freunden die Füße zu waschen.

Johannes 13,1-15

Du willst mir die Füße waschen?

Petrus, lass es geschehen.

Du kannst es jetzt noch nicht begreifen.

Später einmal wirst du verstehen, was ich hier tue.

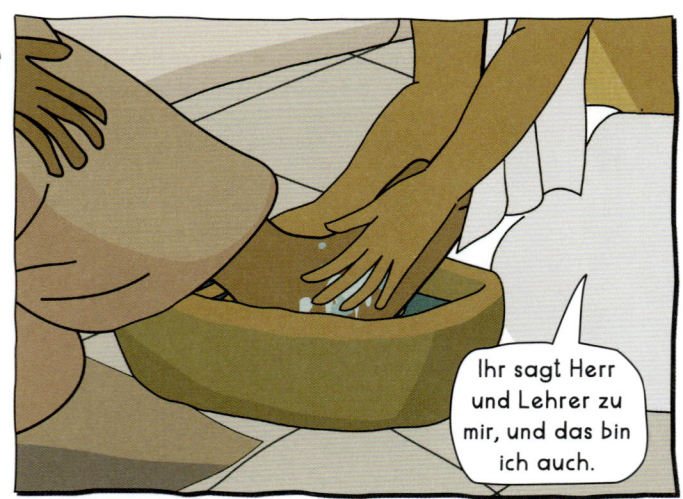

Ihr sagt Herr und Lehrer zu mir, und das bin ich auch.

Aber wenn ich euch die Füße wasche, dann bin ich euer Diener. Genauso sollt ihr euch auch gegenseitig dienen und helfen.

Johannes 13,21-30

Auf einmal wird Jesus sehr traurig.

Einer von euch wird mich verraten.

Wer von uns ist es?

Es ist der, dem ich das Brot gebe.

Johannes 13,33-38
Markus 14,29-31
Matthäus 26,33-35
Lukas 22,31-34

Markus
14,17-26
Matthäus
26,20-29
Lukas
22,14-23
Johannes
13,21-26

Während des Essens nimmt Jesus das Brot, dankt Gott dafür und teilt es mit seinen Freunden.

"Nehmt, das ist mein Leib, der für euch gegeben wird."

Er nimmt auch den Becher mit Wein, ...

... dankt Gott dafür und gibt seinen Freunden zu trinken.

"Trinkt alle daraus! Das ist mein Blut, das für alle vergossen wird."

Nach dem Essen singen sie miteinander Loblieder. Dann gehen sie zum Ölberg.

Markus
14,32-51
Matthäus
26,36-56
Lukas
22,39-53
Johannes
18,3-12

Judas hat mit ihnen ein Zeichen verabredet. An einem Kuss sollen sie erkennen, wer Jesus ist.

Warum kommt ihr mit Schwertern und Knüppeln? Bin ich ein Verbrecher?

Jesus wird zum Palast des Hohenpriesters geführt.

Petrus folgt ihm heimlich …

Lukas
22,54-62
Markus
14,66-72
Matthäus
26,69-75
Johannes
18,25-27

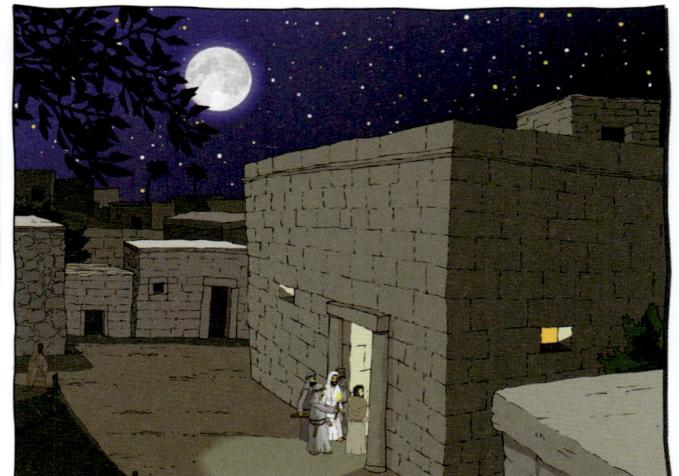

... und wartet im Hof.

Gehörst du nicht auch zu Jesus?

Nein, ich kenne ihn nicht.

Doch, du bist einer von seinen Freunden.

Bin ich nicht!

82

Der ist auch einer von denen, denn er kommt aus Galiläa.

Ich weiß überhaupt nicht, wovon du redest.

KIKERIKI

Da fällt Petrus ein, was Jesus vorher zu ihm gesagt hat.

Noch bevor der Hahn kräht, wirst du dreimal sagen, dass du mich nicht kennst.

Er läuft hinaus und weint.

Markus
15,1-20
Johannes
18,28-
19,16
Matthäus
27,1-31
Lukas
23,1-25

Am nächsten Morgen wird Jesus zum Statthalter Pontius Pilatus gebracht.

Bist du der König der Juden?

Er sagt, er ist ein König.

Du sagst es!

Er beachtet den Sabbat nicht.

Er hetzt das Volk auf.

Er lästert Gott.

Er muss sterben!

Nieder mit ihm!

Er sagt, er kann den Tempel zerstören und in drei Tagen wieder aufbauen.

Er ist gegen den Kaiser.

Da bringen die Priester viele Anklagen gegen Jesus vor.

Warum verteidigst du dich nicht? Hörst du nicht, was sie dir vorwerfen?

Aber Jesus sagt kein Wort!

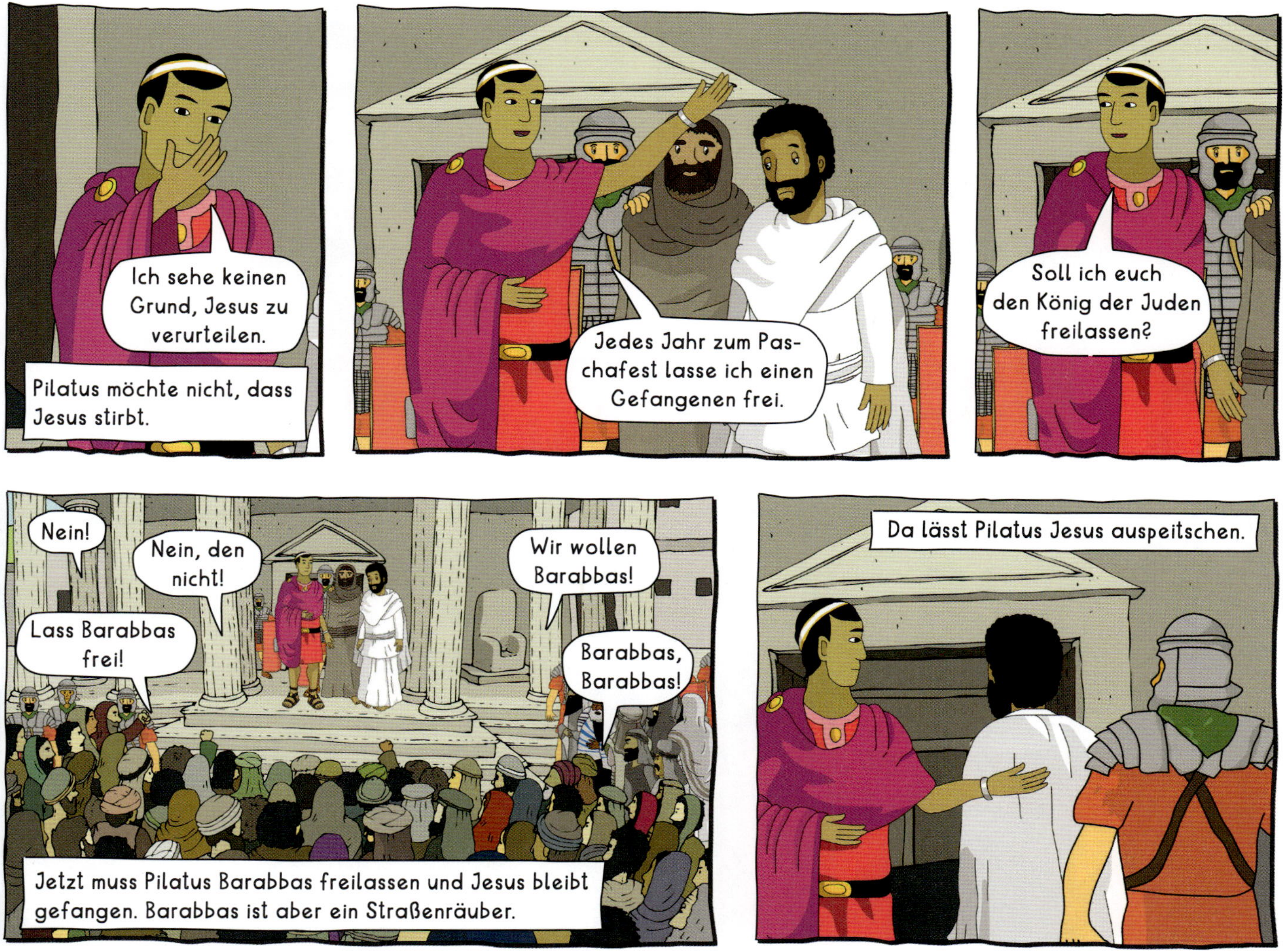
Ich sehe keinen Grund, Jesus zu verurteilen.
Pilatus möchte nicht, dass Jesus stirbt.
Jedes Jahr zum Paschafest lasse ich einen Gefangenen frei.
Soll ich euch den König der Juden freilassen?
Nein!
Nein, den nicht!
Lass Barabbas frei!
Wir wollen Barabbas!
Barabbas, Barabbas!
Jetzt muss Pilatus Barabbas freilassen und Jesus bleibt gefangen. Barabbas ist aber ein Straßenräuber.
Da lässt Pilatus Jesus auspeitschen.

Die Soldaten verspotten ihn und verkleiden ihn wie einen König. Er bekommt einen roten Umhang, und sie flechten ihm eine Krone aus Dornen.

Seht, da ist der Mensch!

Er muss sterben!

Ans Kreuz mit ihm!

Ans Kreuz!

Wenn du ihn freilässt, bist du kein Freund des Kaisers!

Ans Kreuz mit ihm!

Kreuzigen!

Fort mit ihm!

Kreuzigen!

Da gibt Pilatus nach und befiehlt, Jesus zu kreuzigen.

Jesus trägt sein Kreuz selbst aus der Stadt hinaus bis zu dem Hügel Golgota.

Dort wird er gemeinsam mit zwei anderen Männern gekreuzigt.

Markus 15,21-41
Matthäus 27,31-56
Lukas 23,26-49
Johannes 19,16-30

Um die Mittagszeit wird es im ganzen Land dunkel.

Drei Stunden später stirbt Jesus am Kreuz.

Markus
15,42-47
Matthäus
27,57-61
Lukas
23,50-56

Im Tempel zerreißt der Vorhang von oben bis unten und die Erde bebt.

Alle, die dabei stehen, erschrecken. Sie merken ganz deutlich, dass hier kein Verbrecher gestorben ist.

Am Abend kommt Josef, ein reicher Mann aus Arimathäa. Er ist ein Freund von Jesus.

Er bittet Pilatus, Jesus noch vor dem Sabbat begraben zu dürfen. Er nimmt den toten Jesus, wickelt ihn in ein Leinentuch …

… und legt ihn in ein Felsengrab. Dann rollt er einen schweren Stein vor den Eingang und geht.

89

Johannes 20,1–18

Am frühen Morgen nach dem Sabbat kommt Maria aus Magdala zurück zum Grab.

Sie geht in das Grab hinein.

Warum weinst du?

Jemand hat meinen Herrn weggenommen, und ich weiß nicht, wo er jetzt ist.

"Warum weinst du? Wen suchst du?"

"Maria denkt, es ist der Gärtner, der hier zu ihr spricht."

"Wenn du ihn fortgenommen hast, dann sag mir, wohin du ihn gebracht hast. Ich möchte ihn holen."

"Maria!"

"Rabbuni!"

"Geh zu meinen Freundinnen und Freunden und sag ihnen, dass ich zu meinem Vater zurückkehre."

Maria geht zu den Freunden und Freundinnen von Jesus und erzählt ihnen alles.

Lukas
24,13-49
Markus
16,14-19
Matthäus
28,9-10.
16-20
Johannes
20,19-23

Am selben Tag erscheint Jesus zwei Freunden, die auf dem Weg nach Emmaus sind, aber sie erkennen ihn nicht.

Erst als er beim Essen das Brot bricht, wissen sie, dass es Jesus ist. Da laufen sie zurück ...

... nach Jerusalem und erzählen den anderen Freunden und Freundinnen davon.

Ich bringe euch Frieden.

Warum seid ihr so erschrocken?

Schaut mich an! Ich bin es wirklich. Fasst mich an und überzeugt euch davon.

Alles, was die Propheten gesagt haben, muss in Erfüllung gehen. Dort steht es ja geschrieben:

Der versprochene Retter muss leiden, sterben und wird am dritten Tag vom Tod auferstehen.

Ihr habt das alles miterlebt. Ihr seid Zeugen von all dem. Erzählt davon in der ganzen Welt. Wartet aber noch hier in Jerusalem, bis ich euch den Geist Gottes schicke.

Jesus zeigt sich seinen Freunden und Freundinnen noch einige Male, bevor er zu Gott zurückkehrt.

Ein paar Wochen später sind viele Freundinnen und Freunde von Jesus zum jüdischen Pfingstfest in Jerusalem versammelt. Da werden alle vom Geist Gottes erfüllt und erzählen den Leuten von Jesus und von Gott.

Die Menschen um sie herum kommen aus vielen verschiedenen Ländern. Sie hören alle die Botschaft von Jesus in ihrer eigenen Sprache. So können sie verstehen, was geschehen ist.

Apostelgeschichte 1-2

Etwa dreitausend Leute beginnen an diesem Tag an Jesus zu glauben. Der Glaube an Jesus Christus verbreitet sich bis nach Rom, der Hauptstadt des Römischen Reiches. Überall entstehen kleine Gruppen: Freunde von Jesus, Frauen und Männer, die in seinem Geist leben und ihm nachfolgen wollen.

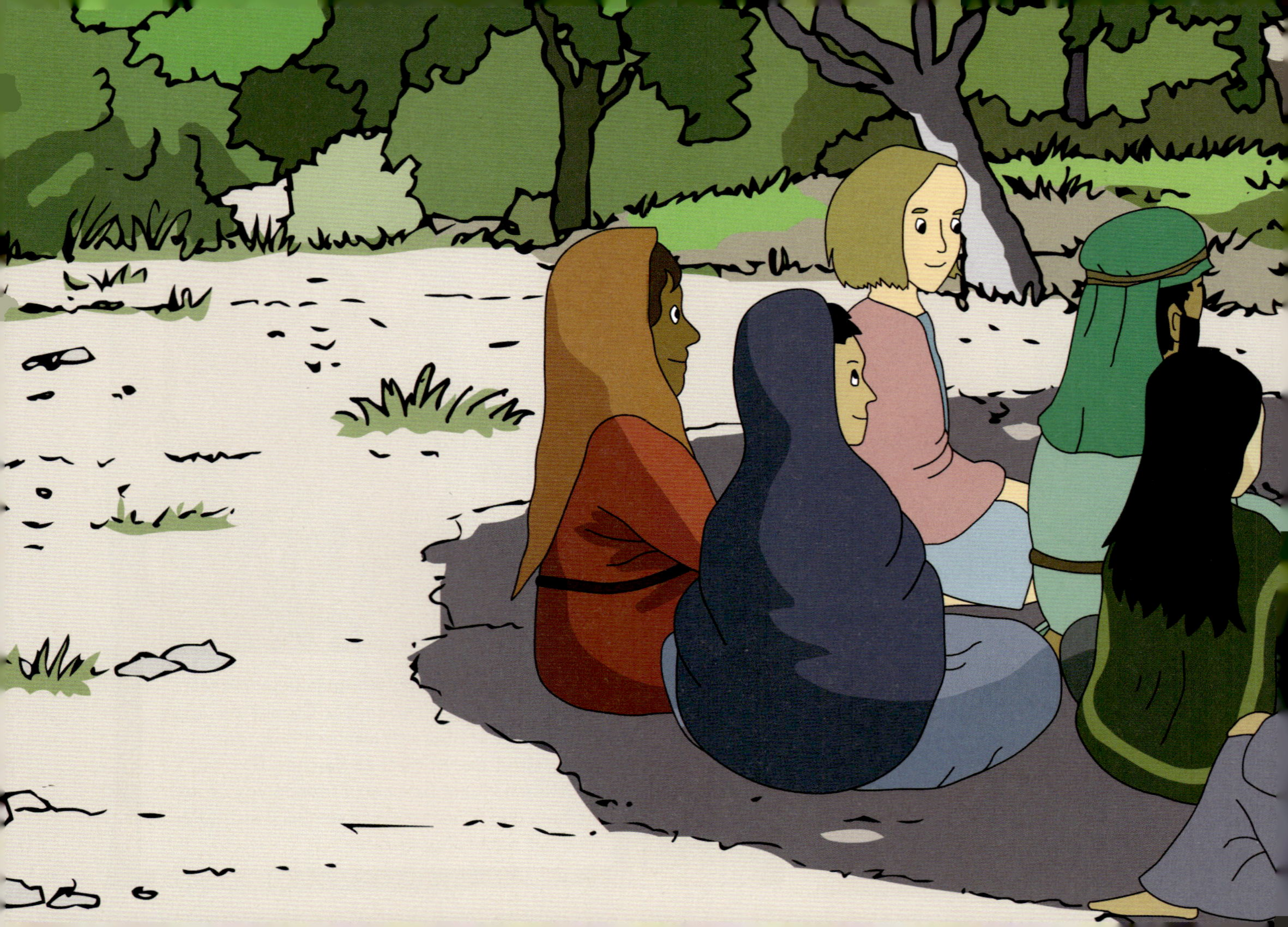

Lese- und Vorlesegeschichten

Bei jeder Lesegeschichte wird diejenige Bibelstelle angeführt, nach der sie in dieser Kinderbibel nacherzählt wird. Wenn es die gleiche Geschichte auch in den anderen Evangelien gibt, haben wir diese Bibelstellen ebenfalls erwähnt.

Zu jeder Lesegeschichte findet Ihr auch eine Erklärung, die hellblau gekennzeichnet ist.

Kinderbibel Teil 1

Jesus wird geboren

Lukas 1,5-7

Zacharias geht nach Jerusalem

Der Evangelist Lukas schreibt auf, was er von Jesus gehört hat. Er hat sich sorgfältig erkundigt. Nun will er seinem Freund Theophilus über alles berichten. Er beginnt mit der Geschichte von Johannes dem Täufer, einem Mann, der den Menschen sagen wird, wer Jesus ist:

Als Herodes König in Judäa ist, lebt dort ein Priester namens Zacharias. Zacharias gehört zu der Priestergruppe Abija. Er hat zweimal im Jahr für eine Woche Tempeldienst.

Seine Frau Elisabet kommt aus der Familie des Aaron, einer alten Priesterfamilie. Zacharias und Elisabet leben so, wie Gott es sich wünscht. Sie gehen ihren Weg, wie es den Rechtsvorschriften und Geboten Gottes entspricht. Sie haben keine Kinder, denn Elisabet kann keine Kinder bekommen. Und beide sind schon sehr alt.

Der Evangelist Lukas ist daran interessiert, möglichst genau über Jesus zu berichten. Als er sein Evangelium schreibt, ist Jesus schon lange tot und auferstanden. Die Freundinnen und Freunde von Jesus haben schon vielen Menschen von Jesus erzählt. Viele Gemeinden, das sind Gemeinschaften von Menschen, die an Jesus Christus glauben, sind entstanden.

Was passiert aber, wenn die Menschen, die Jesus gekannt haben, einmal sterben? Wer erzählt dann die Geschichten?

Lukas hat sich genau erkundigt bei den Menschen, die mit Jesus gelebt haben, und schreibt alles auf, damit die Geschichten von Jesus immer wieder erzählt werden können, auch heute noch.

Das Evangelium nach Lukas beginnt mit der Geschichte von Elisabet und Zacharias. Beide sind schon alt und haben keine Kinder. Sie wünschen sich ein Kind und beten darum. So sehr wie die beiden sich ein Kind wünschen, so wünscht sich das Volk Israel den Retter und Befreier, den Gott versprochen hat.

Lukas 1,8-20

Gott schickt seinen Boten zu Zacharias

Zacharias ist mit seiner Priestergruppe an der Reihe, den Dienst vor Gott als Priester zu tun. Da geschieht es: Er wird ausgelost, den Weihrauch für das Rauchopfer im Tempel von Jerusalem anzuzünden. So geht er in den Tempel. Viele Menschen stehen währenddessen draußen vor dem Tempel und beten.

Plötzlich erscheint dem Zacharias ein Bote Gottes, ein Engel. Er steht an der rechten Seite des Rauchopferaltars. Zacharias sieht ihn und hat große Angst. Da spricht der Bote: „Fürchte dich nicht, Zacharias, hab keine Angst! Denn dein Gebet ist erhört worden. Deine Frau Elisabet wird einen Sohn zur Welt bringen und du wirst ihm den Namen Johannes geben. Du wirst dich über ihn freuen und viele Menschen mit dir. Er hat eine große Aufgabe. Er wird keinen Wein trinken. Er wird mit dem Geist Gottes erfüllt sein. Viele Menschen aus dem Volk Israel werden durch seine Predigt bereit sein, ihren Weg mit Gott wieder neu anzufangen."

„Woher soll ich wissen, dass das stimmt, was du sagst?", fragt Zacharias den Boten. „Elisabet und ich sind alt."

„Ich bin Gabriel und bringe dir diese frohe Botschaft", antwortet der Bote „Aber weil du mir nicht geglaubt hast, wirst du nicht mehr sprechen können, bis alles geschehen ist, was ich gesagt habe. Dann wirst du es wissen."

Nach der Erzählung des Evangelisten Lukas kommt ein Bote Gottes zu Zacharias, als er Tempeldienst hat. Dieser Bote sagt Zacharias, dass Gott seine Gebete erhört hat, und dass Elisabet und er bald ein Kind bekommen werden. Das gibt Zacharias Hoffnung.

Die gleiche Hoffnung kann auch das Volk Israel haben. Gott wird auch die Gebete des Volkes erhören und den versprochenen Retter schicken. Noch ist er nicht da. Johannes, der Sohn des Zacharias, ist nicht der Retter. Er ist nur der Vorbote, der auf den Retter hinweisen wird. Lukas möchte den Menschen sagen: „Ihr könnt Hoffnung haben! Gott wird einen Retter schicken, so wie er es versprochen hat."

Lukas hat das so aufgeschrieben, damit wir das auch heute noch so glauben können: Gott erhört unsere Gebete und hilft uns in unserer Not.

Lukas 1,21-25

Elisabet bekommt ein Kind

Vor dem Tempel warten die Leute auf Zacharias. Sie wundern sich, dass er so lange im Tempel bleibt. Als er herauskommt, kann er nicht sprechen. Da merken alle, dass im Tempel etwas Besonderes geschehen ist. Zacharias bleibt stumm und kann nur mehr mit seiner Hand Zeichen geben. Als sein Dienst beendet ist, kehrt er nach Hause zurück.

Kurze Zeit später ist Elisabet schwanger. Deshalb zieht sie sich für fünf Monate zurück. Sie spricht: „Gott ist gut zu mir. Ich muss mich jetzt nicht mehr schämen, weil ich keine Kinder habe."

Daran, dass Zacharias, nach der Erzählung des Evangelisten Lukas, plötzlich nicht mehr sprechen kann, erkennen die Menschen, dass mit ihm im Tempel etwas Besonderes geschehen ist. Eigentlich wäre die Aufgabe des Zacharias, den Segen zu sprechen, aber das kann er jetzt auf einmal nicht mehr.

Der Tempel ist der Ort der Begegnung mit Gott, besonders für die Priester, und wenn ein Mensch Gott begegnet, dann kann er schon einmal die Sprache verlieren, weil er geschockt oder erstaunt ist. Möglicherweise denken die Menschen so über Zacharias.

Der Bote Gottes sagt: „Du wirst nicht mehr reden können, weil du mir nicht geglaubt hast." Zacharias kann also an seiner eigenen Stummheit erkennen, dass eintreffen wird, was der Bote versprochen hat. Er kann zwar niemandem erzählen, was wirklich passiert ist, aber er selbst hat ein Zeichen dafür erhalten, dass Gott bald eingreifen wird.

Lukas 1,26-38

Gott überrascht Maria

Gott schickt seinen Boten Gabriel in die Stadt Nazaret in Galiläa zu Maria. Maria ist eine junge Frau. Sie ist mit Josef verlobt. Josef stammt aus der Familie des Königs David.

Der Bote kommt zu Maria und spricht zu ihr: „Freu dich, Maria. Gott schenkt dir seine Gnade. Gott selbst ist mit dir." Maria erschrickt. Sie weiß nicht, was das bedeuten soll.
Der Bote spricht zu ihr: „Hab keine Angst, Maria, fürchte dich nicht! Gott ist dir gnädig und wohl gesonnen. Du wirst schwanger werden und einen Sohn bekommen. Den sollst du Jesus nennen. Er wird sehr bedeutend sein. Er wird heilig und Sohn des Höchsten genannt werden. Er wird König sein, wie David, sein Vorfahre. Seine Herrschaft wird nie aufhören."
Aber Maria fragt den Boten: „Wie soll das möglich sein? Wie kann ich denn ein Kind bekommen ohne Mann?"
Da antwortet der Bote: „Gott wird es durch seinen Heiligen Geist möglich machen. Deshalb wird man das Kind auch Sohn Gottes nennen. Und schau, auch deine Verwandte Elisabet bekommt ein Kind, obwohl sie schon alt ist. Die Leute haben darüber geredet, weil sie keine Kinder bekommen kann, und jetzt ist sie schon im sechsten Monat schwanger. Es gibt nichts, was für Gott unmöglich ist!"

Da sagt Maria zu ihm: „Ich bin einverstanden. Ich bin bereit für Gott. Es soll alles so geschehen, wie du gesagt hast." Danach geht der Bote Gottes wieder von Maria fort.

Hier beginnt der Evangelist Lukas, über Jesus zu erzählen. Nachdem er von Johannes berichtet hat, der auf den Retter hinweist, erzählt er jetzt von Jesus, der der Retter ist. Lukas erzählt, dass Jesus ein wirklicher Mensch ist. Er ist als Kind von einer Frau geboren und dann zum Retter Gottes geworden. Jesus ist aber auch von Gott. Darum braucht Maria keinen Mann, um schwanger zu werden. Der Heilige Geist bewirkt in ihr die Schwangerschaft, so erzählt es der Evangelist Lukas.

Wie das geschieht, bleibt ein Geheimnis, aber es zeigt, dass für Gott nichts unmöglich ist. Er schenkt Leben, wo es nach menschlichem Denken nicht möglich ist: Bei der alten Frau Elisabet, die schon ein Leben lang auf Kinder wartet, und bei der jungen Frau Maria, die sich nur wundern kann, weil sie noch nie mit einem Mann zusammen war. So erhört Gott endlich die Gebete seines Volkes, das schon so lange auf einen Retter wartet.

Matthäus 1,18-25

Was soll Josef tun?

Im Buch des Evangelisten Matthäus ist die Geschichte von Jesus so erzählt:
Seine Mutter Maria und Josef sind miteinander verlobt. Noch bevor sie richtig zusammenkommen können, zeigt es sich, dass Maria schwanger ist. Gott hat ihr durch den Heiligen Geist ein Kind geschenkt. Josef ist ein Mann, der Gott vertraut, aber er weiß, dass das Kind nicht von ihm sein kann. Er denkt darüber nach, diese Verlobung aufzulösen. Er will das heimlich tun, um Maria nicht zu schaden.
Nach diesen Überlegungen erscheint Josef im Traum ein Bote Gottes. Er spricht zu ihm: „Josef, aus der Familie des Königs David! Hab keine Angst davor, Maria zu deiner Frau zu nehmen, denn das neue Leben, das in ihrem Bauch heranwächst, ist ihr durch Gottes Heiligen Geist geschenkt. Maria wird einem Sohn das Leben schenken und du wirst ihm den Namen Jesus geben. Er soll so heißen, weil er die Menschen von allem, was ihr Leben bedroht, retten wird."
Denn Jesus bedeutet übersetzt: Gott rettet.

Dies alles ist so passiert, damit das eintrifft, was Gott durch seine Propheten angekündigt hat: „Schaut es euch an: Eine Jungfrau wird schwanger werden und einen Sohn zur Welt bringen und sie werden ihm den Namen Immanuel geben." Immanuel heißt übersetzt: Mit uns ist Gott.
Als Josef wach wird, tut er, was der Bote ihm gesagt hat: Er nimmt Maria zu sich und löst die Verlobung nicht auf. Er teilt sein Bett nicht mit ihr, bis sie einen Sohn zur Welt bringt, den er Jesus nennt, wie der Engel es ihm im Traum aufgetragen hat.

Der Evangelist Matthäus erzählt uns hier, wie Josef reagiert, als er erfährt, dass Maria ein Kind erwartet. Sein erster Gedanke ist, Maria zu verlassen. Er will das heimlich tun, damit er ihr nicht schadet. Er könnte auch vor allen sagen, dass Maria schwanger ist, und das Kind nicht von ihm ist.

Wenn Josef sich so zurückgezogen hätte, hätte Maria sich allein um Jesus kümmern müssen. Ohne Josef wäre es für sie sehr schwierig gewesen, für ihr Kind zu sorgen und es zu beschützen. Sie wären von den Menschen um sie herum verachtet worden. Denn ein Kind, das keinen Vater hat, wird zu der Zeit von Jesus nicht geachtet, und auch seine Mutter hat keine angesehene Stellung in der Gesellschaft.

Aber Gott schickt seinen Boten und vermittelt Josef, was er tun soll: „Nimm Maria zu dir". So schützt Gott das Kind und sorgt dafür, dass Jesus die Familie hat, die er braucht.

Lukas 1,39-56

Maria besucht Elisabet

Danach macht sich Maria schnell auf den Weg in die Berge zu Elisabet. Sie geht in das Haus von Zacharias und begrüßt Elisabet. Als Elisabet die Stimme von Maria hört, hüpft das Kind in ihrem Bauch. Erfüllt vom Geist Gottes ruft Elisabet laut:

„Maria, du bist eine von Gott ganz besonders gesegnete Frau, und auch dein Kind ist ganz besonders gesegnet. Die Mutter meines Herrn kommt zu mir, das ehrt mich ganz besonders. In dem Moment, als ich deine Stimme gehört habe, ist das Kind in meinem Leib vor lauter Freude gehüpft. Du hast geglaubt, dass das geschieht, was Gott verspricht. Deshalb bist du glücklich."

Darauf singt Maria ein Loblied:
„Ja, ich bin sehr glücklich über Gott.
Ich lobe ihn von ganzem Herzen.
Ich bin eine junge, unbedeutende Frau.
Aber gerade mich hat Gott ausgesucht und mir dieses Kind geschenkt.
Alle Menschen werden sehen, wie glücklich ich bin.
Gott ist stark und er hat große Dinge an mir getan.
Gott hat die Menschen schon immer sehr lieb.
Gott zerstreut die Menschen, die in ihrem Herzen hochmütig sind.
Den Menschen, die andere unterdrücken, nimmt er die Macht weg.

Er steht auf der Seite derer, die keine Macht haben.
Er kümmert sich um sie.
Er beschenkt die Armen, während Reiche mit leeren Händen da stehen.
Gott steht auf der Seite der Kleinen und Schwachen.
Gott hilft seinem Volk, so wie er es versprochen hat, unseren Müttern und Vätern vom Anbeginn der Welt."

Etwa drei Monate bleibt Maria bei Elisabet, dann geht sie wieder nach Hause zurück.

Maria besucht ihre Verwandte Elisabet. Als die beiden schwangeren Frauen sich begrüßen, hüpft das Kind in Elisabets Bauch.

Der Evangelist Lukas erzählt von der besonderen Verbindung zwischen Johannes dem Täufer und Jesus. Schon bei ihrer ersten Begegnung, noch im Mutterleib, reagiert Johannes freudig auf die Ankunft von Jesus, auf das Kommen des Retters.
Diese Freude breitet sich aus und lässt die beiden Frauen Gott loben. Elisabet betont, dass Maria eine besonders gesegnete Frau ist, weil sie daran glaubt, dass Gott hält, was er verspricht.

Maria singt ein Loblied auf Gott, der kommt, um die armen und unterdrückten Menschen zu retten.

Lukas 1,57-80

Johannes kommt zur Welt

Bald darauf bringt Elisabet einen Sohn zur Welt. Als ihre Nachbarinnen, Nachbarn und Verwandten hören, dass Gott ihr doch noch ein Kind geschenkt hat, freuen sie sich mit ihr. Nach acht Tagen kommen sie, um das Kind zu beschneiden. Da wollen sie ihm den Namen Zacharias geben, so wie eben sein Vater heißt. Aber Elisabet spricht: „Nein, er soll Johannes heißen."
„Wieso denn, es gibt doch in eurer Familie niemanden, der so heißt", sagen die Leute und sie fragen Zacharias, wie das Kind heißen soll. Zacharias schreibt auf eine kleine Tafel: Sein Name ist Johannes. Alle wundern sich.

In diesem Moment kann Zacharias wieder sprechen. Er spricht und lobt Gott. Alle staunen sehr und die Geschichte darüber verbreitet sich in den Bergen Judäas. Und jeder Mensch, der sie hört, staunt und fragt sich, was Gott noch mit Johannes vorhat.

Vom Geist Gottes erfüllt singt Zacharias ein Lied:
„Gelobt sei Gott, der Herr über Israel.
Er selbst kommt, um seinem Volk zu helfen. Er sendet uns einen Retter aus dem Haus Davids. Was uns die Propheten gesagt haben, trifft jetzt ein: Gott rettet uns vor unseren Feinden. Gott hält, was er versprochen hat, damit wir nach seinem Willen leben können. Unser Retter kommt bald auf die Welt. Und du, mein Sohn, Johannes, wirst den Menschen sagen, dass Gott barmherzig ist und uns Frieden schenkt."

Johannes wird groß und lernt immer mehr über Gott, und was Gott für die Menschen will. Er lebt in der Wüste bis zu dem Tag, an dem er zum ersten Mal vor den Menschen auftritt.

Der Sohn von Elisabet und Zacharias kommt zur Welt. Welchen Namen soll dieses Kind erhalten? Bekommt es den Namen seines Vaters, den die Leute ja wollen, oder bekommt es den Namen, den Gottes Bote dem Zacharias gesagt hat?

Der Evangelist Lukas erzählt, dass Elisabet und Zacharias sich einig sind: Das Kind soll Johannes heißen. Dieser Name hat eine besondere Bedeutung: Gott ist gnädig. Hier finden wir im Namen des Johannes schon einen Hinweis auf das Kommen des Retters. Gott wird seinem Volk gnädig sein, das heißt, bald den Retter schicken.

Nachdem Zacharias das tut, was der Bote ihm aufgetragen hat, nämlich dafür zu sorgen, dass das Kind den Namen Johannes bekommt, kann er plötzlich wieder sprechen. Alle Menschen, die dies mitbekommen, wissen jetzt: Hier hat Gott etwas Besonderes mit dem Kind vor, wenn mit seiner Geburt solche Zeichen verbunden sind!

Und Zacharias beginnt auch gleich, Gott zu loben. Er weiß jetzt: Gott wird den Retter schicken, der sein Volk befreien wird. Und er weiß auch, dass Johannes auf diesen Retter hinweisen soll.

Lukas 2,1-5

Die Reise nach Betlehem

In jenen Tagen gibt der römische Kaiser Augustus den Befehl, dass sich die Menschen seines Reiches in Steuerlisten eintragen lassen sollen. Dies geschieht zum ersten Mal unter Quirinius, dem Statthalter in Syrien. Und alle müssen für diese Eintragung in ihre Heimatstadt kommen. So reist Josef mit seiner hochschwangeren Frau Maria von Nazaret nach Betlehem. Josef gehört zur Verwandtschaft von König David, der aus Betlehem stammt.

Der Kaiser will die Menschen in seinem Reich zählen. So kann er sie besser kontrollieren und ihnen die Steuern, die sie zahlen müssen, besser berechnen. Diese Volkszählung ist ein Zeichen seiner großen Macht und damit ein weiteres Zeichen dafür, dass das Volk Israel von einer fremden Regierung beherrscht wird.
Der Evangelist Lukas erzählt, dass Jesus genau in dieser schlimmen Zeit der Unterdrückung geboren wird, und dass Jesus und seine Familie selbst unter dieser Unterdrückung zu leiden haben. Für eine hochschwangere Frau muss es sehr gefährlich und anstrengend sein, zu reisen und auf dieser Reise ein Kind zu bekommen.
Der Evangelist Lukas erzählt aber auch davon, dass Jesus zur Familie des großen Königs David gehört, und dass Gott seine Versprechen hält. Der Prophet Micha hat gesagt, dass Gottes Retter aus Betlehem kommen würde (Micha 5,1). Der Evangelist Lukas drückt aus, dass Gott, auch wenn er als ein kleines Kind zu seinem Volk kommt, mächtiger ist als der große Kaiser.

Lukas 2,6-7

Jesus kommt zur Welt

Die Zeit für die Geburt ist da, als Maria und Josef in Betlehem ankommen. Und Maria schenkt einem Sohn das Leben. Sie wickelt ihn in Windeln und legt ihn in einen Futtertrog in einem Stall. Es gibt für sie keinen Platz in einer Herberge.

Die Erzählung über die Geburt Jesu hält der Evangelist Lukas sehr kurz. Es genügt ihm zu erzählen, dass Jesus tatsächlich auf der Reise und in der Stadt Betlehem geboren wird. Aber der von Gott gesandte Retter hat keine Wiege und kommt nicht in einem Palast zur Welt, auch wenn er aus einer Königsfamilie stammt. Für ihn gibt es nur einen Futtertrog, ein Gefäß, aus dem die Tiere fressen. Mütter wissen, dass das kein guter Platz für ein Kind ist. Es könnte schnell krank werden. Maria, Josef und ihr Kind teilen so das Schicksal vieler armer Menschen.

Lukas 2,8-15

Die Hirten kommen zu Jesus

In der Nähe, wo Jesus geboren wird, sind Hirten bei ihrer Herde. Ein Bote Gottes kommt zu ihnen. Es wird um sie sehr hell. Sie haben große Angst. Der Bote spricht zu ihnen:
„Habt keine Angst, fürchtet euch nicht, denn was ich euch sage, bringt euch und allen Menschen große Freude. In der Stadt Davids, in Betlehem, ist euch heute der Retter geboren. Er ist der Messias, der Herr. Daran werdet ihr ihn erkennen: Ihr werdet ein Kind finden, in Windeln gewickelt liegt es in einem Futtertrog."

Auf einmal sind bei dem Boten viele himmlische Wesen, sie loben Gott mit einem Lied:
„In der Höhe bei Gott ist die Herrlichkeit und auf Erden bei den Menschen seiner Gnade ist Frieden."

Als die Boten sie nun verlassen und zu Gott zurückkehren, sprechen die Hirten miteinander: „Lasst uns nach Betlehem gehen und das Ereignis anschauen, das uns Gott durch seinen Boten angekündigt hat."

Die Hirten laufen schnell zu dem Stall und finden Maria, Josef und das Kind in dem Futtertrog. Sie erzählen, was sie über das Kind gehört haben. Alle staunen darüber. Maria aber merkt sich alle diese Worte ganz genau und denkt noch lange darüber nach.

Die Hirten gehen wieder zurück zu ihrer Schafherde und loben Gott für alles, was sie gesehen und gehört haben.

Nach acht Tagen wird das Kind beschnitten. Die Eltern geben ihm den Namen Jesus, genau wie der Bote es zu Maria gesagt hat.

Die Hirten sind nach der Erzählung des Evangelisten Lukas die Ersten, die von der Geburt von Jesus erfahren. Sie sind sehr arme Leute.
Hirten werden in der Bibel immer wieder als Bild im Zusammenhang mit Gott genannt: Gott ist ein guter Hirte für seine Menschen. Er sorgt gut für sie und passt auf sie auf. Auch Jesus wird einmal ein guter Hirte für die Menschen sein.
Hier in Betlehem ist ein neuer Hirte geboren, und die Botschaft kommt als Erstes zu den Hirten, zu den armen Menschen, die Gottes Hilfe besonders nötig haben. Ihnen zeigt Gott seine Herrlichkeit.

Der Evangelist Lukas erzählt, dass die Hirten Jesus unbedingt sehen wollen. Sie suchen Jesus und finden ihn. Was die Boten ihnen gesagt haben, das sagen sie nun Maria und Josef weiter. So wird das, was Maria und Josef durch den Boten Gabriel erfahren haben, nun noch einmal durch die Hirten bestätigt.
Nach der Geburt kommen also fremde Menschen zu ihnen und sagen, was sie selbst schon länger wissen: Jesus ist der Retter.

Lukas 2,22-40

Simeon erkennt Jesus

40 Tage nach seiner Geburt bringen Maria und Josef Jesus nach Jerusalem in den Tempel. Sie wollen Gott damit zeigen, dass Jesus ihm gehören soll. Nach dem Gesetz sollen alle männlichen Erstgeborenen Gott gehören. Maria und Josef wollen auch zwei Tauben opfern. So verlangt es das Gesetz nach der Geburt eines Buben.

Zu dieser Zeit lebt ein alter Mann in Jerusalem. Er heißt Simeon. Er ist ein frommer Mann und wartet auf die Rettung seines Volkes Israel. Gottes Geist ist mit ihm. Er hat von Gott die Zusage bekommen, dass er nicht sterben wird, bevor er den Messias gesehen hat. Simeon wird vom Geist Gottes in den Tempel geführt.

Als die Eltern Jesus bringen, um zu tun, was das Gesetz verlangt, nimmt Simeon das Kind in seine Arme. Er lobt Gott:
„Herr, jetzt kann ich endlich in Frieden sterben, denn ich habe deinen Retter gesehen, den du als Licht für alle Menschen und für das Volk Israel gesandt hast."

Maria und Josef wundern sich über diese Worte. Simeon segnet sie. Er spricht dann zu Maria: „Viele Menschen aus dem Volk Israel werden Jesus widersprechen, vielen wird er helfen. In dieser Zeit wird sich herausstellen, wie die Menschen über Gott wirklich denken. Und für dich, Maria, kommt eine schwere Zeit."

Da kommt auch Hanna, die Tochter von Penuel, dazu. Sie lebt in Jerusalem und ist schon 84 Jahre alt. Sie ist eine Prophetin. Nur sieben Jahre lang war sie verheiratet. Nach dem Tod ihres Mannes ist sie nun schon lange Witwe. Sie ist immer im Tempel und dient Gott mit Beten und Fasten. Jetzt lobt sie Gott und erzählt allen, die auf die Rettung Israels warten, von Jesus.

Nachdem Maria und Josef im Tempel alles so gemacht haben, wie das Gesetz es erfordert, gehen sie wieder nach Nazaret in Galiläa zurück. Dort wächst Jesus auf. Er wird stark und weise, und Gott ist mit seiner Gnade immer bei ihm.

Noch einmal erinnert der Evangelist Lukas daran, dass die Menschen schon seit Langem auf den ersehnten Retter warten. Diesmal erzählt er es anhand der Geschichte vom alten Simeon und der alten Prophetin Hanna.
Simeon hat Gott geglaubt, dass der Retter bald kommt, und dass er es noch erleben würde. Darauf wartet er. Nun ist Jesus, der Retter, endlich da, und Simeon darf ihm begegnen. Er sagt, dass er jetzt in Frieden sterben kann. Die Sehnsucht seines Lebens ist erfüllt. Die alte Prophetin Hanna beginnt Gott auch zu loben, als sie Jesus sieht. Simeon und Hanna erkennen in dem für sie fremden Kind den Retter Israels und der Welt.

Für Maria und Josef ist das wiederum eine Bestätigung für die Botschaft, die Gabriel ihnen überbracht hat. Auch das Volk Israel hat lange gewartet und kann sich jetzt auf eine Zeit des Friedens freuen.

Matthäus 2,1-2

Ein neuer Stern erscheint am Himmel

Jesus wird in Betlehem geboren, als Herodes König in Jerusalem ist. Zu dieser Zeit kommen Sterndeuter aus dem Osten nach Jerusalem und erkundigen sich: „Wo ist der neugeborene König der Juden? Wir haben in unserer Heimat seinen Stern entdeckt. Nun wollen wir ihn verehren."

Nach der Erzählung des Evangelisten Matthäus kommen Sterndeuter aus dem Osten, um nach einem neugeborenen König zu suchen. Das Kommen von Jesus ist nicht nur für das Volk Israel wichtig, sondern für alle Völker. Das möchte Matthäus hier besonders betonen. Menschen aus fremden Völkern suchen nach Jesus, um ihn anzubeten. Natürlich suchen die Sterndeuter Jesus in Jerusalem. Das war ja der Wohn- und Herrschaftssitz des Königs von Israel.

Matthäus 2,3-8

König Herodes hat Angst um seine Macht

König Herodes und die Menschen in Jerusalem erschrecken darüber, dass die Sterndeuter den König der Juden suchen. Herodes denkt sich:

„Ich bin der König und ich lasse mir meine Herrschaft von niemandem streitig machen!"

Er ruft die Hohenpriester und Schriftgelehrten und fragt sie, wo der Messias geboren werden soll. Sie erklären ihm: „In Betlehem in Judäa, denn der Prophet Micha (Micha 5,1) kündigt es an: Du Betlehem in Judäa bist keine bedeutungslose Stadt, denn aus dir soll der Retter kommen, der mein Volk führen wird."

Herodes holt die Sterndeuter heimlich zu sich und fragt sie genau nach dem Zeitpunkt, zu dem ihnen der Stern erschienen ist. Dann schickt er sie nach Betlehem:

"Geht zu dem Kind und wenn ihr es gefunden habt, sagt mir Bescheid. Ich will dann auch hingehen und ihm meine Ehre erweisen."

In Jerusalem finden die Sterndeuter nicht Jesus, sondern nur den König Herodes. Der Evangelist Matthäus erzählt, wie sehr Herodes erschrickt. Er fürchtet sich, seine Macht zu verlieren. Er scheint zu ahnen, dass dieser neugeborene König größer und mächtiger werden könnte, als er selbst es ist. Mit Herodes gemeinsam erschrecken nach der Darstellung des Evangelisten auch die Menschen in Jerusalem.

Es wird hier deutlich, dass Herodes Jesus töten möchte, weil er Angst vor seiner Macht hat. Deshalb möchte er von den Sterndeutern auch gerne wissen, wo Jesus genau zu finden ist.

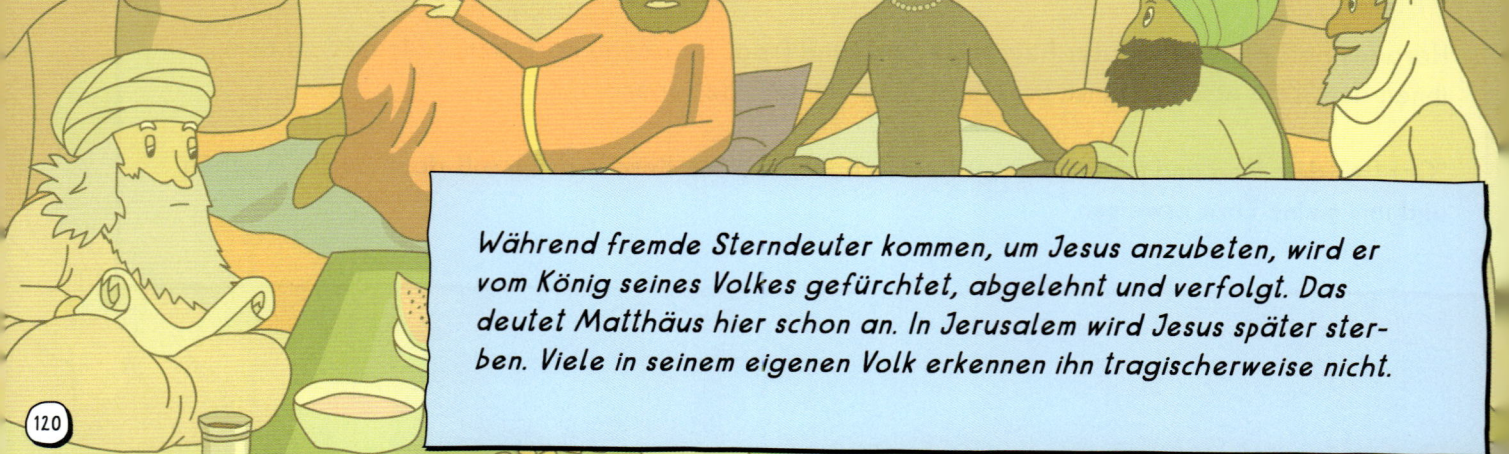

Während fremde Sterndeuter kommen, um Jesus anzubeten, wird er vom König seines Volkes gefürchtet, abgelehnt und verfolgt. Das deutet Matthäus hier schon an. In Jerusalem wird Jesus später sterben. Viele in seinem eigenen Volk erkennen ihn tragischerweise nicht.

Matthäus 2,9-11

Die Sterndeuter finden Jesus

Die Sterndeuter machen sich auf den Weg. Der Stern, den sie in ihrem Land schon gesehen haben, zeigt ihnen nun den Weg. Er führt sie bis zu dem Ort, an dem sie das Kind finden. Sie freuen sich sehr und gehen in das Haus.

Dort finden sie das Kind und Maria, seine Mutter. Sie fallen vor dem Kind nieder, verehren es, und beschenken es mit ihren Schätzen: Gold, Weihrauch und Myrrhe.

Die Sterndeuter aus dem fremden Land finden Jesus und Maria. Sie kommen, um Jesus anzubeten. Der Evangelist Matthäus erzählt hiermit, dass Jesus von Anfang an nicht nur für sein eigenes Volk als Retter gekommen ist, sondern zu allen Menschen. Wenn die Menschen hier durch den Stern zu Jesus geführt werden, ist es so, als ob ihnen Gott selbst den Weg zeigt.

Alle sollen kommen und Jesus anbeten. Die kostbaren Geschenke, die die Sterndeuter mitbringen, sind Ausdruck dieser besonderen Anbetung.

Matthäus 2,12-15

Gott beschützt Jesus

Die Sterndeuter gehen auf einem anderen Weg in ihre Heimat zurück. Sie gehen nicht mehr zu König Herodes, weil sie im Traum eine Weisung von Gott erhalten haben.
Nachdem die Sterndeuter fort sind, erscheint Josef im Traum ein Bote von Gott:
„Steh auf, nimm das Kind und Maria und flieh nach Ägypten. Herodes sucht das Kind und will es töten." In dieser Nacht noch flieht Josef mit seiner Familie nach Ägypten. Dort bleiben sie, bis Herodes stirbt. So erfüllt sich, was der Prophet Hosea (Hosea 11,1) gesagt hat:
„Aus Ägypten habe ich meinen Sohn gerufen."

Der Evangelist Matthäus zeigt noch einmal auf, wie sehr Gott seine Hand immer wieder mit im Spiel hat. Gott selbst beschützt Jesus, indem er wieder einmal im Traum einen Boten zu Josef schickt. Josef ist als Vater sehr wichtig, um Jesus zu beschützen. Erst lässt er Maria nicht allein und jetzt rettet er die ganze Familie, indem er Gott gehorsam ist, und mit ihr nach Ägypten geht. Gott spricht im Traum aber nicht nur zu Josef. Er warnt auch die Sterndeuter. Immer wieder muss Gott eingreifen, damit der Retter selbst gerettet wird. Der Evangelist Matthäus zeigt damit, dass Gott sein Volk nicht allein lässt, sondern treu zu ihm hält.

Matthäus 2,16-18

König Herodes ärgert sich

Als König Herodes merkt, dass die Sterndeuter nicht mehr zurückkommen, wird er sehr zornig. Er schickt seine Soldaten aus, um Jesus in Betlehem zu suchen und zu töten. Die Mütter in Betlehem haben große Angst um ihre Kinder.

Zum Abschluss macht der Evangelist Matthäus noch einmal klar, wie gefährlich die Lage wirklich ist. Tatsächlich schickt Herodes Soldaten, um Jesus zu suchen und zu töten. So sehr hat Herodes Angst um seine Macht, und so sehr ist Jesus in Gefahr.

Matthäus 2,19-23

Jesus ist in Sicherheit

Nach dem Tod von König Herodes erscheint Josef in Ägypten wieder ein Bote Gottes im Traum und sagt ihm: „Steh auf, nimm das Kind und Maria und geh in das Land Israel zurück. Alle, die Jesus töten wollten, sind tot." Josef nimmt das Kind und Maria und kehrt nach Hause zurück. Er hört, dass der Sohn des Herodes, Archelaus, nun König ist. Er fürchtet sich, nach Jerusalem zu gehen. Da erhält er im Traum eine Weisung von Gott und geht nach Galiläa in die Stadt Nazaret. So erfüllt sich, was die Propheten (Richter 13,5) gesagt haben:
„Er wird Nazoräer heißen."

Erst als die Gefahr vorbei ist, dürfen Maria, Josef und Jesus wieder in ihre Heimat zurück. Auch hier führt und behütet Gott sie, indem er wieder einen Boten im Traum zu Josef sprechen lässt. Der Evangelist Matthäus zeigt in seiner ganzen Erzählung, dass Gott sich für sein Volk etwas vorgenommen hat, und dass er das auch zum Ziel führt.

Dass Gott sich schon immer um sein Volk kümmert, zeigt Matthäus besonders dadurch, dass er immer wieder auf Verse aus dem Alten Testament verweist. Matthäus macht deutlich: Schaut, damals hat Gott den Menschen schon versprochen, dass ein Retter kommt, und dass dieser Retter in Betlehem geboren wird; dass er auch aus Ägypten kommt und dass er in Nazaret leben wird. Die Menschen, die diese Erzählung lesen, sollen wissen: Wenn Gott etwas versprochen hat, dann hält er sein Versprechen. Gott führt und segnet die Menschen, und er hat alles in seiner Hand.

Der Evangelist Markus überliefert uns keine Kindheitsgeschichte von Jesus. Sein Evangelium beginnt mit dem öffentlichen Auftreten von Johannes dem Täufer und mit der Taufe von Jesus.

Auch der Evangelist Johannes überliefert uns keine Kindheitsgeschichte von Jesus. Johannes erzählt davon, dass „das Wort", und damit meint er Jesus, schon immer bei Gott war. In Jesus ist das ewige Wort Gottes ein Mensch geworden. In Jesus spricht Gott seine ewige und schöpferische Liebe zu uns Menschen aus. Der Evangelist Johannes spricht auch davon, dass Johannes der Täufer auf die Bedeutung von Jesus hinweist: Jesus ist das Licht der Menschen. In Jesus kommt Gott selbst zu den Menschen.

Kinderbibel Teil 2

Jesus, unser Freund

Markus 1,1-11; Matthäus 3,13-17; Lukas 3,1-16; Johannes 1,23-34

Die Taufe von Jesus

Der römische Kaiser Tiberius regiert bereits fünfzehn Jahre, und Hannas und Kajaphas sind die Hohenpriester. In dieser Zeit tritt Johannes der Täufer als Prediger in der Wüste auf. Er sagt allen Menschen, dass sie sich taufen lassen sollen. Dies soll ein Zeichen dafür sein, dass es ihnen leid tut, was sie an Bösem in ihrem Leben getan haben.

Die Menschen wissen nicht, was sie jetzt anders machen sollen. Johannes sagt es ihnen: „Wer zwei Hemden hat, soll dem eines geben, der keines hat, und wer zu essen hat, soll mit dem teilen, der Hunger hat. Die Zöllner sollen die Menschen nicht betrügen und die Soldaten sollen niemanden bedrohen."

Jetzt fragen sich die Menschen, ob nicht Johannes der von Gott versprochene Retter und Erlöser ist. Johannes sagt: „Nein, ich taufe nur mit Wasser. Nach mir kommt jemand, der wird euch mit dem Geist Gottes taufen. Ich bin nicht einmal gut genug, ihm die Schuhe aufzuschnüren."

Auch Jesus kommt aus Galiläa zu Johannes an den Jordan. Er will sich von ihm taufen lassen. Johannes versucht, ihn daran zu hindern: „Ich sollte mich von dir taufen lassen, und nicht umgekehrt." Jesus sagt zu ihm: „Lass es einfach zu. Das haben wir zu tun!"
Da lässt Johannes es zu.
Nach der Taufe von Jesus sagt Johannes: „Ich habe den Geist Gottes wie eine Taube auf ihn kommen sehen. Dieser ist Gottes Sohn."

Nach seiner Taufe bleibt Jesus 40 Tage allein in der Wüste. Er betet und fastet und bereitet sich so auf seinen besonderen Weg vor.

Alle vier Evangelisten berichten davon, dass Jesus von Johannes dem Täufer im Jordan getauft wird. Jeder von ihnen erzählt die Geschichte ein wenig anders.

Der Evangelist Markus erzählt sehr kurz davon. Der Evangelist Lukas berichtet von einzelnen Personen, die zu Johannes kommen und fragen, was sie tun sollen.

Beim Evangelisten Matthäus finden wir ein kurzes Gespräch zwischen Johannes und Jesus. Johannes will Jesus nicht taufen, sondern will von ihm getauft werden. Jesus muss Johannes erst davon überzeugen, dass es richtig ist, wenn Johannes ihn tauft.

Der Evangelist Johannes lässt Johannes den Täufer berichten, was er nach der Taufe sieht:
„Ich sah den Geist Gottes wie eine Taube vom Himmel auf ihn kommen. Dieser ist Gottes Sohn."

Jeder der vier Evangelisten berichtet anders über die Taufe von Jesus. Jedem sind andere Dinge wichtig. Sie berichten für jeweils andere Zuhörer. Allen vier Berichten ist gemeinsam, dass sie erzählen wollen, wer dieser Jesus ist. In diesem Menschen Jesus, der sich wie alle anderen taufen lässt, ist Gott uns Menschen in ganz besonderer Art und Weise nahe gekommen.

Markus 1,14-20; Matthäus 4,17-22; Johannes 1,35-51

Jesus beruft seine ersten Jünger

Nach der Taufe im Jordan kommt Jesus aus der Wüste zu den Menschen zurück. Er wandert durch die Dörfer von Galiläa, entlang des Sees Gennesaret. Er erzählt den Menschen von Gott, von Gottes großer Liebe zu allen Menschen. Er sagt: „Das Reich Gottes ist nahe! Freut euch darüber. Gott meint es gut mit euch! Vertraut euch ihm an! Kehrt um, und glaubt dem Evangelium!"

Jesus geht am See Gennesaret entlang. Er sieht zwei Fischer, die gerade ihr Netz auswerfen, um zu fischen. Es sind Simon und sein Bruder Andreas. Jesus sagt zu ihnen: „Kommt mit mir! Ich will euch zu Menschenfischern machen." Sofort lassen die beiden ihre Netze liegen. Sie gehen von nun an mit Jesus.

Als Jesus Simon sieht, sagt er zu ihm: „Du bist Simon! Ab jetzt sollst du auch Petrus heißen. Du sollst ein starker Fels sein." Denn Petrus bedeutet, aus der griechischen Sprache übersetzt, Fels.

Ein Stück weiter sieht Jesus zwei andere Brüder: Jakobus und Johannes. Sie sitzen beim Boot und flicken gemeinsam mit ihrem Vater Zebedäus und seinen Gehilfen ihre Netze. Jesus fragt auch die zwei Brüder, ob sie mit ihm kommen wollen. Da lassen sie ihren Vater zurück und gehen mit Jesus.

Die Evangelisten berichten ganz unterschiedlich davon, wie Jesus seine Nachfolgerinnen und Nachfolger, seine Freundinnen und Freunde kennen lernt.
Alle erzählen von einem engeren Kreis von zwölf Jüngern, die fast immer bei Jesus sind und ungefähr drei Jahre bis zu seinem Tod mit ihm leben. Wer die Geschichten aufmerksam liest, entdeckt aber bald: nicht nur die Zwölf, viel mehr Menschen sind immer bei Jesus. Da sind die vielen Frauen, die Jesus und die Menschen, die ihm nachfolgen, mit ihrem Geld unterstützen. Da gibt es noch mehr Freunde, wie z.B. Lazarus, Maria und Marta. Da sind die Frauen, die Jesus in seinen letzten Stunden begleiten, und auch am Grab nach ihm sehen wollen. Viele Menschen folgen Jesus und hören ihm zu.
Wenn die Evangelisten zwölf seiner Jünger besonders herausstellen, erinnern sie an die zwölf Stämme des Volkes Israel. Gottes geliebtes Volk ist in zwölf große Familien, Stämme, eingeteilt. Jesus beruft zwölf Jünger. Sie sind der Anfang von etwas Neuem, das jetzt beginnt, und gleichzeitig die Verbindung zu dem immer schon von Gott geliebten Volk Israel, dem Volk der Juden.

Johannes 2,1-12

Hochzeit zu Kana

In dem Ort Kana, in Galiläa, wird eine Hochzeit gefeiert. Jesus und seine Freunde sind eingeladen. Maria, seine Mutter, ist auch dabei. Als der Wein ausgeht, spricht Maria mit Jesus: „Es gibt keinen Wein mehr." Jesus sagt zu ihr: „Was geht das mich an? Meine Zeit ist noch nicht gekommen!"

Da sagt Maria zu den Dienern: „Tut alles, was Jesus euch sagt!"

An der Wand stehen sechs große Wasserkrüge bereit. Die Hochzeitsgäste brauchen das Wasser, um sich zu waschen. Jesus sagt zu den Dienern: „Füllt diese Krüge mit Wasser." Sie füllen die Krüge bis obenhin mit Wasser. Nun sagt Jesus: "Gebt dem Speisemeister einen Becher davon zum Kosten."

Die Diener bringen dem Speisemeister einen Becher. Der Speisemeister weiß nicht, was in diesem Becher ist. Er probiert. Dann sagt er ganz vorwurfsvoll zum Bräutigam: „Das ist ja Wein! Warum hast du den besten Wein bis jetzt aufgehoben? Keiner macht das so. Den guten Wein gibt es normalerweise zuerst!"

Die Freunde von Jesus merken, dass hier etwas ganz Besonderes geschehen ist: Wasser ist zu gutem Wein geworden. Ihr Vertrauen zu Jesus wächst.

Der Evangelist Johannes berichtet uns von einem Hochzeitsfest, zu dem auch Jesus, seine Freundinnen und Freunde eingeladen sind. Diese Geschichte ist nur bei Johannes zu finden. Er beschreibt damit das erste öffentliche Auftreten von Jesus bei der Hochzeit in Kana. So eine Hochzeitsfeier kann mehrere Tage dauern. Es ist ganz wichtig, dass immer genug zum Essen und zum Trinken für die Gäste da ist. Wenn es nicht reicht, dann ist das für die Gastgeber sehr peinlich, und die frohe Stimmung geht verloren.
Jesus erkennt die Not des Gastgebers, als der Wein ausgeht. Er hilft, damit die Festfreude

nicht plötzlich aufhört, denn das wäre eine traurige Hochzeit.
Warum hat Johannes wohl diese Geschichte ganz an den Anfang des öffentlichen Auftretens von Jesus gestellt? Vielleicht wollte er damit zeigen, dass durch Jesus das Fest Gottes mit den Menschen beginnt. Wo Gott nahe ist, dort ist ein Fest.

Der Evangelist Matthäus betont, dass Jesus am Beginn seines öffentlichen Auftretens überall predigt und heilt.

Der Evangelist Markus erzählt von einer ganz bestimmten Heilung, und der Evangelist Lukas beginnt mit dem Auftreten von Jesus in der Synagoge von Nazaret. Dort sagt Jesus allen, dass mit ihm in Erfüllung geht, was Gott den Menschen versprochen hat.

Aus Matthäus 5 - 7

Bergpredigt

Jesus zieht mit seinen Freundinnen und Freunden durch das Land. Er erzählt überall von der wunderbaren Liebe Gottes zu allen Menschen. Viele Menschen verlieren die Ängste, die sie quälen. Viele werden gesund. Das spricht sich schnell in der ganzen Gegend herum. Immer mehr Menschen kommen zu ihm. Sie wollen hören, was Jesus über Gott zu sagen hat. Sie spüren und erleben: Mit Jesus bricht das Reich Gottes an. Alles wird heil und gut.

Auf einem Berg spricht Jesus zu den Menschen. Er redet von der neuen Welt Gottes, vom Reich Gottes. Jesus sagt:
„Alle Menschen, die zu Gott gehören, dürfen sich ganz besonders freuen.
Sie sind glücklich zu nennen:
Glücklich sind jene, die arm sind vor Gott, denn Gott selbst wird sich um sie kümmern.
Glücklich sind die Menschen, die schweres Leid zu tragen haben und traurig sind, denn Gott selbst wird sie trösten.
Glücklich sind jene, die keine Gewalt anwenden, denn sie werden das Land erben.
Glücklich sind die Menschen, die Hunger und Durst nach Gerechtigkeit haben, denn sie werden satt werden.
Glücklich sind die, die anderen gegenüber barmherzig sind, denn Gott wird auch ihnen gegenüber barmherzig sein.
Glücklich sind jene, die ein reines Herz haben, denn sie werden Gott schauen.
Glücklich sind die, die Frieden stiften, denn sie werden Gottes besondere Kinder genannt werden.
Glücklich sind die, die wegen der Gerechtigkeit verfolgt werden, denn ihnen gehört das Reich Gottes. Gott selbst steht auf ihrer Seite."

Die Menschen hören ganz genau auf Jesus. Und Jesus schaut die vielen oft so armen Menschen an und sagt: „Ihr seid das Salz der Erde, ihr seid etwas ganz Kostbares und Besonderes. Ihr seid das Licht der Welt! Durch euch soll Gottes Licht den Menschen leuchten!"

Vom Töten und von der Versöhnung sagt Jesus:
„Ihr habt gehört, dass zu den Alten gesagt worden ist: Du sollst nicht töten; wer aber jemanden

tötet, soll vor Gericht kommen.
Ich aber sage euch: Jeder, der auf seinen Bruder auch nur böse ist, soll vor Gericht kommen. Schließt ohne Zögern Frieden miteinander!
Ihr habt gehört, dass gesagt worden ist:
Du sollst deinen Nächsten lieben und deinen Feind hassen.
Ich aber sage euch: Liebt eure Feinde und betet für die, die euch verfolgen. So lebt ihr nach Gottes Willen. Denn Gott lässt die Sonne über Gute und Böse leuchten. Wenn ihr nur die liebt, die euch lieben, welchen besonderen Lohn könnt ihr dafür erwarten?
Richtet nicht über andere, damit ihr nicht gerichtet werdet. Denn mit dem Maß, mit dem ihr messt, werdet ihr selbst auch gemessen werden.
Warum siehst du den Holzsplitter des Bösen im Auge deines Bruders, aber den großen Balken des Bösen bei dir selbst siehst du nicht? Schau zuerst auf dich selbst, dann kannst du auf deinen Bruder schauen.
Hütet euch, euer Gutsein vor den Menschen zu zeigen. Wenn du Gutes tust, dann erzähl es nicht groß herum, wie es die Heuchler tun, damit sie jemand lobt. Das Gute soll im Verborgenen bleiben, denn Gott sieht auch das Verborgene, und er wird dich dafür belohnen."

Jesus sagt seinen Freundinnen und Freunden und allen Menschen, wie sie beten können:
„Wenn ihr betet, macht kein großes Theater daraus. Es sollen nicht alle Menschen merken und euch dafür bewundern. Wenn du betest, dann gehe in eine stille Ecke, denn Gott sieht dich auch im Verborgenen. Du brauchst auch nicht viele große Worte zu machen, denn Gott weiß ja, was du zum Leben brauchst, noch bevor du ihn darum bittest.
So sollt ihr beten:

„Gott, du bist unser guter Vater.
Dein Reich soll kommen und immer größer werden.
Dein Wille möge immer öfter getan werden, auch durch uns.
Gib uns, was wir jeden Tag zum Leben brauchen.
Vergib uns, wenn wir schuldig geworden sind und anderen wehgetan haben.
Genauso wollen wir auch den Menschen vergeben, die uns wehtun.
Hilf uns, so zu leben, wie du es dir für uns wünschst.
Und mach uns frei von allem, was böse ist in dieser Welt.
Dir gehört jetzt schon das Reich und die Kraft und die Herrlichkeit für immer und ewig. Amen."

Dieses Gebet, wie es heute in vielen Kirchen gebetet wird, steht im Lexikon unter Vater unser.

Jesus will den Menschen auch die Angst und die Sorgen nehmen:
„Ihr macht euch viele Sorgen und Gedanken. Ihr fragt euch, was ihr essen und trinken werdet. Schaut einmal dorthin: Die Vögel pflanzen kein Getreide an. Sie ernten nicht. Sie legen auch keine Vorräte an. Aber sie haben immer genug zu essen. Gott sorgt für sie.

Oft zerbrecht ihr euch den Kopf: Was sollen wir anziehen? Seht ihr die Blumen da drüben? Wie schön sie sind! Nicht einmal ein König ist so schön angezogen wie sie. Gott hat sie so schön gemacht. Gott kümmert sich auch um kleine Vögel und einfache Blumen. Aber ihr seid ihm noch viel wichtiger als diese Blumen. Gott sorgt für euch. Vertraut ihm! Habt keine Angst!
Sorgt euch um Gottes Reich, um dieses sollt ihr euch kümmern. Überlasst die Sorge um euer Leben dann ruhig Gott! Er wird für euch sorgen, wie er es schon immer getan hat."

Zum Abschluss sagt Jesus noch: „Wer hört, was ich sage, und das auch tut, der ist wie ein Mensch, der sein Haus auf festem Boden baut. So ein Haus wird jedem Sturm und Regen standhalten, und so ein Mensch wird sicher sein."

Der Evangelist Matthäus erzählt von einer großen Rede, die Jesus auf einem Berg hält. Deshalb nennt man diese Rede auch Bergpredigt. Sie ist eine Sammlung vieler Predigten von Jesus. Matthäus fasst das Wichtigste, das Jesus gesagt hat, zu einer großen Rede zusammen. Es ist wie ein großes Programm, ein Lebensprogramm. Jesus macht hier den Menschen deutlich, wie sehr Gott sie liebt, und wie sie leben können. Durch seine Predigten, die Matthäus gesammelt hat, erfahren die Menschen, wie sie die Dinge anders machen können, und wie sie ihr Leben so gestalten können, damit sie dem Willen Gottes besser entsprechen. Er will, dass sie sich versöhnen, miteinander in Frieden leben und sogar ihre Feinde lieben.
Matthäus schreibt hier besonders für jene Menschen, die zuerst dem jüdischen Glauben angehört haben und nun den christlichen Glauben annehmen. Sie müssen ja jetzt überlegen, ob die alten Regeln und Gewohnheiten noch gültig sind, oder wie sie sich jetzt als Christinnen und Christen verhalten sollen.
Bei welchen Gelegenheiten sind die Geschichten, so wie sie Matthäus geschrieben hat, wohl zum ersten Mal gelesen worden? Vielleicht in den Gottesdiensten und Versammlungen der jungen Kirche und der ersten Gemeinden, die all diese Fragen klären mussten.

Markus 2,1-12; Matthäus 9,1-8; Lukas 5,17-26

Jesus heilt einen Gelähmten

In Kafarnaum ist Jesus in ein Haus eingeladen. Viele Menschen sind gekommen, um ihm zuzuhören. Das Haus ist voller Leute, niemand kann mehr hinein.
Vier Männer wollen einen Gelähmten zu Jesus bringen, aber sie kommen nicht in das Haus hinein. Da decken sie das Dach ab und lassen den gelähmten Mann durch ein Loch im Dach zu Jesus hinunter. Jesus sieht, dass die Männer ihm vertrauen.
Er spricht zu dem Gelähmten: „Gottes Liebe ist ganz für dich da. Deine Schuld ist vergeben."
Einige Schriftgelehrte, die auch dort sind, denken: „Wie kann Jesus so etwas machen? Nur Gott kann einem Menschen seine Schuld vergeben!"
Jesus weiß, was sie denken. Er fragt sie: „Was, meint ihr, ist einfacher: Zu einem Menschen zu sagen: ‚Gott vergibt dir', oder ihm zu sagen: ‚Steh auf, nimm dein Bett und geh?'. Damit ihr seht, dass ich dem Mann sehr wohl vergeben kann, sage ich jetzt: ‚Steh auf, nimm deine Liege und geh in dein Haus!'" Da steht der Mann auf und geht umher.
Die Menschen wundern sich sehr darüber. Sie loben Gott und sagen: „So etwas haben wir noch nicht erlebt."

Der Evangelist Markus erzählt, wie Jesus einen gelähmten Mann heilt. Jesus spricht dem Mann die Vergebung seiner Schuld zu. Darüber ärgern sich die Schriftgelehrten in der Synagoge sehr. Sie verstehen nicht, warum Jesus das tun darf. Markus zeigt an dieser Stelle, dass Jesus die Macht hat, den Menschen ihre Schuld zu vergeben. Die Schuld kann Menschen lähmen. Manche Menschen leiden sehr darunter, wenn sie wissen, dass sie etwas falsch gemacht haben. Sie wissen dann nicht mehr, was sie überhaupt noch tun sollen. Andere fühlen sich Gott gegenüber schlecht und schuldig, ohne dass sie genau sagen könnten, was sie verkehrt gemacht haben. Sie verlieren die Freude am Leben.

Wo Menschen von der Last ihrer Schuld befreit sind, da können sie aufatmen und wieder leben. Sie können auch wieder ganz verstehen, dass Gott sie so annimmt, wie sie sind.

Wer von der Last der Schuld befreit ist, kann sich wieder am Leben und auch an Gott freuen. Der Evangelist Markus beschreibt hier, was passiert, wenn Jesus bei den Menschen ist. Er vergibt ihnen ihre Schuld, und sie können Gott wieder neu lieben und ihm vertrauen. Die Lähmung hört auf, und ein neues Leben fängt an.

Markus 3,1-6; Matthäus 12,9-14; Lukas 6,6-11; 14,1-6

Der Mann mit der kranken Hand und seine Heilung am Sabbat

Es ist Sabbat. Am Sabbat darf kein Jude etwas tun, nicht arbeiten und auch nicht kochen. Dieser Tag soll ganz für Gott da sein. Jesus geht in eine Synagoge. Dort ist ein Mann, der seine Hand nicht mehr bewegen kann.

Auch einige von den Pharisäern und Schriftgelehrten sind dort. Sie sind gespannt, ob Jesus den Mann heilen wird. Das ist nach ihrer Meinung am Sabbat nicht erlaubt.

„Komm in die Mitte!", sagt Jesus zu dem Mann mit der kranken Hand. Der Mann kommt in die Mitte. Dann fragt Jesus die Pharisäer: „Was darf man am Sabbat tun? Gutes oder Böses? Ist es am Sabbat erlaubt, einem Menschen zu helfen?" Keiner sagt etwas.

Jesus ist zornig über die Pharisäer. Zu dem Mann sagt er: „Zeig mir deine Hand!"
Der Mann zeigt Jesus seine Hand und Jesus berührt sie. Da kann der Mann die Hand wieder bewegen!

Zornig verlassen die Pharisäer die Synagoge. Sie sprechen untereinander: „So geht das nicht weiter! Jesus hält sich nicht an das Gesetz!" Und sie beraten, was sie gegen Jesus unternehmen können.

Der Evangelist Markus erzählt, dass Jesus an dem wichtigen Ruhetag, dem Sabbat, einen Menschen heilt. Das ist nach den damaligen Regeln ein großer Fehler und muss bestraft werden.

Jesus zeigt den Menschen im Gegensatz dazu, dass der Sabbat ein schöner Ruhetag ist, den sie genießen dürfen. Es ist der Tag Gottes, an dem die Menschen erleben sollen, wie sehr Gott sie liebt und ihr Glück und Heil will. So haben die Menschen Grund zu feiern. Deshalb macht er auch am Sabbat Menschen gesund und heil.

Jesus zeigt damit, dass der Sabbat ein Tag der Befreiung ist. Er will den Menschen den richtigen Stellenwert der Dinge zeigen: Der Mensch ist wichtiger als solche Regeln, die die Menschen daran hindern, heil zu sein. Und das Wichtigste ist, dass die Menschen Gott wieder neu vertrauen können. Die Menschen sollen Gottes Liebe wieder neu entdecken. Wenn am Sabbat jemand geheilt wird, dann wächst das Vertrauen der Menschen zu Gott.

Markus 4,1-9; Matthäus 13,1-9; Lukas 8,4-8

Jesus erzählt vom Reich Gottes

Jesus redet mit seinen Freunden und Freundinnen viel über Gottes Reich. Er möchte, dass sie Gott besser kennen lernen und dass sie verstehen, wie sehr Gott seine Menschen liebt. Er erzählt ihnen Geschichten von Gottes großer Liebe. Einmal erzählt er von einem fleißigen Bauern: „Ein Bauer geht und bereitet sein Feld vor. Er räumt die Steine zur Seite und pflügt die Erde um. Dann streut er den Samen aus. Von dem Samen fällt ein wenig auf den Weg. Gleich kommen Vögel und picken die Körner auf. Ein wenig fällt auf steinigen Boden. Dort können die jungen Pflänzchen keine Wurzeln bekommen. Und ein wenig fällt unter die Büsche. Dort können die Samen nicht gut wachsen. Aber die meisten Körner fallen auf den guten Boden und dort gehen sie auf. Das gibt eine reiche Ernte. Aus einem einzigen Korn können dann dreißig, sechzig oder hundert Körner wachsen. So ist das auch mit den Menschen, die auf Gottes Wort hören. Sie werden reich gesegnet sein."

Markus 4,30-32

Ein anderes Mal zeigt Jesus seinen Freunden und Freundinnen ein ganz kleines Saatkorn: „Schaut einmal, ein winzig kleines Senfkorn und daraus wird einmal eine riesig große Pflanze. Erst ist es ganz klein, aber wenn es in den Boden gesät wird, wird daraus einmal ein ganz großer Busch. Dort können dann sogar Vögel ihre Nester bauen, so groß wird es. So wächst auch Gottes Reich."

Lukas 15,11-32

Bei einer anderen Gelegenheit erzählt Jesus seinen Freunden und Freundinnen folgende Geschichte: „Ein Mann hat zwei Söhne. Der jüngere Sohn bittet seinen Vater, ihm sein Erbe auszuzahlen. Der Vater teilt sein Vermögen auf.

Ein paar Tage später verlässt der jüngere Sohn seinen Vater und reist ins Ausland. Dort genießt er sein Leben und gibt sein ganzes Geld aus. Kurz darauf kommt eine Hungersnot über dieses Land. Dem jüngeren Sohn geht es nun sehr schlecht. Er muss sogar hungern. Bei einem Bauern findet er Arbeit und hütet dort die Schweine. Er würde gerne etwas vom Schweinefutter essen, aber er bekommt nichts davon.

Auf einmal fällt ihm sein Vater wieder ein. Er beschließt, nach Hause zurückzugehen. Er will seinem Vater sagen, dass er einen großen Fehler begangen hat, als er von zu Hause weggegangen ist. Er ist sogar bereit, bei seinem Vater als Knecht zu arbeiten. Sein Vater sieht ihn schon von weitem. Er freut sich und läuft ihm entgegen.

Der Sohn sagt zum Vater: „Ich habe einen großen Fehler gemacht und mein ganzes Erbe verbraucht. Ich bin es nicht mehr wert, dein Sohn zu sein. Lass mich als Knecht bei dir arbeiten." Doch der Vater umarmt ihn und nimmt ihn wieder als Sohn bei sich auf. Er freut sich so sehr, dass er zurückgekommen ist. Sie feiern ein großes Fest. Der Sohn bekommt schöne Bekleidung und einen Ring als Zeichen, dass er wieder sein Sohn ist, und es gibt ein besonderes Festessen. Als der ältere Sohn das sieht, wird er sehr wütend. Er spricht mit seinem Vater: „Ich habe immer für dich gearbeitet, aber für mich hast du noch nie so ein schönes Fest gemacht. Jetzt kommt der daher, der sein ganzes Erbe verbraucht hat, und du gibst ein großes Fest für ihn."

Der Vater sagt zu ihm: „Du bist doch mein lieber Sohn und du warst immer bei mir. Was mir gehört, das gehört auch dir. Dein Bruder aber war weit weg. Es war, als ob er tot gewesen wäre. Aber er lebt und er ist jetzt wieder bei uns. Das wollen wir feiern! Komm und feiere mit."

Lukas 15,1-7

Jesus spricht zu den Menschen immer wieder von Gottes Reich. Sie sollen wissen, wie sehr Gott seine Menschen sucht, damit sie in sein Reich finden. So stellt er den Pharisäern und Schriftgelehrten einmal folgende Frage:
„Ein Mann hat hundert Schafe und eines läuft ihm davon. Was wird der Mann tun? Wird er nicht neunundneunzig Schafe stehen lassen, um das eine Schaf zu suchen, das sich verlaufen hat? Und wenn er es endlich gefunden hat, wird er sich sehr freuen! Genauso sucht Gott die Menschen, die ihm verloren gegangen sind."

Die Evangelisten berichten von vielen Geschichten und Gleichnissen, die Jesus über das Reich Gottes erzählt. Er malt auf diese Weise seinen Zuhörern und Zuhörerinnen mit seinen Worten Bilder vor Augen, damit sie verstehen, was das Reich Gottes ist.

Jesus erzählt in diesen Gleichnissen, was geschieht, wenn Gott in den Herzen der Menschen und in dieser Welt den rechten Platz bekommt. Diese neue Welt Gottes ist verborgen wie eine Perle im Acker. Sie ist klein wie ein Senfkorn, aber wenn sie wächst, wird sie ganz groß.

Im Reich Gottes sollen alle zusammenkommen, die von Gott weggelaufen sind oder Gott aus ihren Augen verloren haben. Sie sind wie ein Schaf, das gesucht und gefunden wird, oder wie ein verlorener Sohn, der wieder nach Hause kommt.

Jesus verkündet, dass das Reich Gottes kommen wird. Dieses Reich ist ein ganz besonderes Reich. Es ist die neue Welt Gottes. Dort ist Gott selbst der Herrscher, Hirte und König.

Wo Gott regiert, da verändert sich das ganze Leben. Da können Menschen einander lieben und vergeben, statt ständig gegeneinander zu kämpfen, weil sie keine Angst mehr haben und sich ganz geliebt wissen.

Es ist wie eine Gegenwelt Gottes mitten in unserer Welt. Dieses Reich ist verborgen in den Herzen der Menschen und oft ist es zunächst ganz klein. Aber es kann in den Herzen wachsen und in dieser Welt ganz groß werden, wenn Menschen Gott und seiner Liebe in ihrem Herzen den rechten Platz einräumen.

Markus 5,21-43; Matthäus 9,18-26; Lukas 8,40-56

Die Tochter des Jairus und die kranke Frau

Jairus ist der Vorsteher einer Synagoge. Seine Tochter ist schwer krank. Als er Jesus sieht, kniet Jairus vor ihm nieder und bittet ihn:

„Meine Tochter ist schwer krank, sie wird sterben. Jesus, bitte komm und leg deine Hände auf sie, dann wird sie leben!"
Jesus geht mit Jairus. Viele Menschen folgen ihnen und drängen sich um Jesus.

Aber auf dem Weg zum Haus des Jairus versucht eine Frau, im Gedränge zu Jesus zu kommen. Sie ist seit zwölf Jahren sehr krank. Sie blutet und es hört nicht auf. Sie hat einen Arzt nach dem anderen besucht und schon ihren ganzen Besitz hergeben müssen, um ihre Rechnungen zu bezahlen, aber keiner kann ihr helfen. Es ist eher schlimmer geworden.
Jetzt hofft sie, dass Jesus sie heilen kann. Sie berührt den Zipfel seines Mantels. Da hört das Blut sofort zu fließen auf und die Frau spürt, dass sie gesund ist.

Jesus bemerkt es und fragt: „Welche Frau hat meinen Mantel berührt?"

Seine Freunde antworten ihm: „Hier sind viele Menschen, die dich berühren. Du siehst doch, wie sich alle um dich drängen."
Die Frau hat große Angst und sagt Jesus alles. Jesus spricht zu ihr: „Du vertraust mir, darum bist

du jetzt gesund. Der Friede Gottes wird dich begleiten."

Da kommen die Diener von Jairus. Sie rufen: „Deine Tochter ist bereits gestorben! Jesus braucht nicht mehr zu kommen."
Jesus beruhigt Jairus. „Hab keine Angst! Vertraue mir!", sagt er zu ihm und geht mit Jairus nach Hause. Er nimmt nur Petrus, Jakobus und Johannes mit.

Vor dem Haus des Jairus sind viele Menschen, die weinen und klagen.
„Warum weint ihr?", fragt sie Jesus. „Das Mädchen schläft doch nur."
Die Menschen lachen Jesus aus.

Jesus geht zum Mädchen hinein. Er nimmt nur die Eltern des Mädchens und seine drei Jünger mit. Alle anderen schickt er hinaus. Er fasst das Mädchen bei der Hand und sagt: „Mädchen, steh auf!"
Sofort steht das Mädchen auf und geht umher. Es ist zwölf Jahre alt. Alle sind ganz außer sich.
Jesus ermahnt sie: „Sagt niemandem, was hier geschehen ist, und bringt dem Mädchen etwas zu essen!"

Die Evangelisten Markus, Matthäus und Lukas berichten von zwei Frauen, deren Geschichten ganz eng verwoben sind. Die Tochter des Jairus liegt im Sterben, und Jesus ist schon auf dem Weg, ihr zu helfen. Plötzlich wird er auf dem Weg durch eine andere Frau aufgehalten. Diese Frau berührt einen Zipfel an seinem Gewand.

Fromme Juden haben am Zipfel der Bekleidung eine Quaste. Das sind ein paar Fäden, die mit einem dunkelroten Faden zusammen gebunden sind. Diese Quaste erinnert die frommen Juden und Jüdinnen an Gott.

Die kranke Frau hat diese Quaste an dem Gewand von Jesus berührt. Damit hat sie gezeigt, dass sie ihre Rettung allein von Gott erwartet. Jesus sieht, dass die Frau großen Glauben an Gott hat, und er sagt ihr, dass sie nun wirklich gesund sei.
Der Glaube dieser Frau soll nun ein Vorbild für Jairus sein. Obwohl die Diener sagen, dass seine Tochter schon gestorben sei, soll Jairus an ihre Rettung glauben. Was Glaube bedeutet, das hat Jairus durch die geheilte Frau gerade gesehen und erlebt.

Markus 6,30-44; Matthäus 14,13-21; Lukas 9,10-17; Johannes 6,1-13

Jesus gibt vielen Menschen zu essen

Jesus, seine Freunde und Freundinnen wollen sich ausruhen, aber wieder sind unzählige Menschen gekommen. Da hat Jesus Mitleid mit ihnen, denn sie sind wie Schafe ohne einen Hirten. Also nimmt er sich viel Zeit und spricht mit den Menschen über Gott. So wird es bald Abend.

Die Freundinnen und Freunde sprechen mit Jesus: „Schick die Menschen nach Hause! Sie sind hungrig, und es ist schon spät. Jetzt können sie sich noch etwas zu essen besorgen."
Jesus antwortet ihnen: „Gebt ihr ihnen zu essen!"
„Wie sollen wir das tun?", fragen sie ihn „Sollen wir für all diese Menschen Brot kaufen? So viel Geld haben wir nicht."
Jesus fragt sie: „Was habt ihr denn zum Essen da? Geht und seht nach!"
Sie schauen nach: „Wir haben nur fünf Brote und außerdem zwei Fische."
Jesus sagt den Menschen, dass sie sich in Gruppen ins Gras setzen sollen. Und die Menschen setzen sich, immer fünfzig bis hundert Menschen gemeinsam.

Dann nimmt Jesus die fünf Brote und die zwei Fische, blickt zum Himmel empor, lobt und dankt Gott. Er bricht die Brote und lässt die Brotstücke von seinen Freunden an die Menschen austeilen. Ebenso teilen sie auch die Fische aus. Alle bekommen genug zu essen und werden satt. Am Ende bleiben sogar noch zwölf Körbe mit Resten übrig. Etwa 5000 Menschen haben bei diesem Mahl zu essen bekommen!

Was passiert hier? Menschen kommen zu Jesus in eine entlegene Gegend und hören, wie er von Gott erzählt. Als es spät wird, machen sich die Freunde und Freundinnen von Jesus große Sorgen, woher die Leute etwas zu essen bekommen sollen. Was könnte geschehen, wenn so viele Menschen am Abend hungrig sind? Sie werden schwach und kraftlos.

Es gibt verschiedene Möglichkeiten, diese Geschichte zu verstehen.
Eine Möglichkeit: Hier geschieht etwas ganz Außergewöhnliches. Jesus vermehrt Brot und Fisch.
Eine andere Möglichkeit: Wenn wir das Wenige, das jeder hat, miteinander teilen, dann werden alle satt. Die Freundinnen und Freunde von Jesus finden bei sich noch fünf Brote und zwei Fische. Wenn alle das hergeben, das sie mithaben, und teilen, kommt so viel Brot zusammen, dass alle satt werden, und noch eine Menge übrig bleibt. Auch das wäre etwas sehr Außergewöhnliches.
Und noch eine Möglichkeit, die Geschichte zu verstehen: Gott gibt uns nicht nur Nahrung zum Essen.
Wir brauchen die ganze Liebe Gottes wie die tägliche Nahrung. Das Wichtigste ist Jesus zuzuhören. Um alles andere kümmert er sich dann.

Lukas 10,25-37

Der barmherzige Samariter

Ein Schriftgelehrter kommt zu Jesus und fragt ihn: „Was ist das Wichtigste im Leben eines Menschen?"
Jesus fragt zurück: „Was steht denn bei Mose in den Heiligen Schriften darüber geschrieben?"
Der Schriftgelehrte sagt: „Gott zu lieben, ist das Wichtigste, und meine Mitmenschen zu lieben wie mich selbst."
„Das ist richtig", bestätigt Jesus. „Tu das und du wirst leben."
„Aber welche sind denn diese Mitmenschen, die ich lieben soll?", will der Schriftgelehrte wissen. Jesus erzählt ihm daraufhin eine Geschichte:

„Einmal ging ein Mann von Jerusalem nach Jericho hinab. Räuber überfielen ihn und schlugen ihn nieder. Sie nahmen ihm sein Geld weg und ließen ihn halbtot liegen.
Zufällig kam ein Priester denselben Weg entlang. Er sah den Mann und ging weiter.
Dann kam ein Levit, ein Diener im Tempel. Er sah ihn und machte einen großen Bogen um den verwundeten Mann.

Dann kam ein Samariter. Als der Samariter den verwundeten Mann sah, hatte er Mitleid mit ihm. Er kümmerte sich um den Mann, verband seine Wunden und brachte ihn zu einem Gasthaus.
Dem Wirten sagte er: „Versorge den Mann gut! Sollte das Geld nicht reichen, gebe ich dir den Rest auf der Rückreise!"

Jetzt frage ich dich: "Wer von den drei Menschen war für diesen verletzten Mann ein liebevoller Mitmensch?"
Der Schriftgelehrte antwortet: „Der, der ihm geholfen hat."
„Genau das sollst auch du für deine Mitmenschen tun", sagt Jesus am Ende zu ihm.

Jesus erzählt dem Schriftgelehrten eine Geschichte von einem Mann, der überfallen wird. Dieser Mann wird ausgeraubt und schwer verletzt. Zwei andere Männer sehen das und kümmern sich nicht um den verletzten Mann. Sie gehen schnell vorbei und lassen ihn liegen. Ein Samariter sieht, was geschehen ist, und hilft sofort. Leider schauen Menschen meistens weg, wenn andere Menschen leiden. Der Samariter schaut hin. Um so zu handeln, muss man sich nur fragen: Was wäre, wenn das mir passieren würde? Wer würde mir dann helfen? Der Samariter handelt so, als könnte ihm das Unrecht auch selbst geschehen. Er fühlt mit dem Überfallenen mit. Das hilft ihm, richtig zu entscheiden und zu helfen.

So werden wir liebevolle Mitmenschen:
Indem wir uns fragen, was würden wir brauchen, wenn wir in eine solche Not geraten? Wenn wir uns um einen anderen Menschen kümmern, als wäre uns selbst dieses Leid geschehen, dann sind wir liebevolle Mitmenschen und handeln so, wie Jesus es mit dieser Geschichte zeigen will. Jesus zeigt auch, dass bereits die Frage falsch ist: „Wem muss ich helfen?" Denn hinter dieser Frage verbirgt sich eine Auswahl: Dem einen muss ich helfen und dem anderen nicht; z.B. meinen Freunden muss ich helfen, aber denjenigen, die ich nicht kenne, brauche ich nicht zu helfen. Jesus zeigt: Helfen muss ich demjenigen Menschen, der meine Hilfe jetzt braucht.

Für den Schriftgelehrten muss es sehr ärgerlich sein, dass der Mann, der hier gut und richtig handelt, ein Samariter ist. Für viele fromme Jüdinnen und Juden haben die Menschen aus Samaria nicht den richtigen Glauben. Ebenso denken die Samaritanerinnen und Samaritaner, dass der jüdischen Glaube falsch ist. Deshalb gibt es zwischen ihnen Spannungen und Feindschaft.

Von dieser Geschichte berichtet nur der Evangelist Lukas.

Markus 10,13-16; Matthäus 19,13-15; Lukas 18,15-17

Jesus segnet Kinder

Einige Frauen bringen Kinder zu Jesus. Er soll sie segnen.
Die Freunde von Jesus wollen das aber nicht zulassen. „Geht weg!", sagen sie.
Jesus wird wütend und sagt zu ihnen: „Nein, lasst das! Lasst die Kinder zu mir kommen, sie gehören zu mir, ihnen gehört das Reich Gottes. Wer Gott so vertraut wie ein Kind, der ist ihm ganz nahe!" Und er nimmt die Kinder in seine Arme und segnet sie.

In der Zeit von Jesus haben Kinder keine große Bedeutung. Ein Junge gilt erst mit 13 Jahren als wertvolles Mitglied der Gesellschaft. Jesus sind Kinder immer wichtig und willkommen. Er zeigt sogar den Erwachsenen, was sie von den Kindern lernen können: nämlich ihm zu glauben und ihm zu vertrauen.

Kinderbibel Teil 3
Jesus ist auferstanden

Lukas 18,31-34

Jesus spricht mit seinen Freunden über seinen Tod

Jesus ruft seine zwölf Freunde zu sich. Er sagt zu ihnen:

„Wir gehen jetzt nach Jerusalem hinauf. Dort wird sich erfüllen, was die Propheten über den Menschensohn geschrieben haben. Er wird an die Römer ausgeliefert und gefangen genommen. Er wird verspottet, angespuckt, ausgepeitscht und getötet werden. Doch nach drei Tagen wird er von den Toten auferstehen."

Die Freunde von Jesus verstehen nicht, was er ihnen damit sagen will. Der Sinn dieser Worte bleibt ihnen verborgen.

Die Evangelisten erzählen, dass Jesus mit seinen Freunden über seinen bevorstehenden Tod spricht. Dreimal kündigt er sein Leiden, seinen Tod und seine Auferstehung an. Es zeigt sich, dass Jesus weiß, was ihn in Jerusalem erwartet. Er sagt seinen Freunden, dass er sterben wird.

Er sagt aber auch, dass Gott ihn von den Toten auferwecken wird. Damit will er seine Freunde vorbereiten und auch trösten.
Seine Freunde können Jesus aber nicht verstehen. Sie wissen nicht, wovon er spricht.
Erst als Jesus nach seinem Tod seinen Jüngern erscheint, wird ihnen langsam klar, wie alles zusammenhängt. Jesus ist auferstanden. Durch die Auferstehung von Jesus wird es den Menschen möglich, an ihn zu glauben. Jetzt verstehen sie, dass Jesus Gottes Sohn ist. Sie entdecken durch den Glauben, dass Jesus derjenige ist, von dem die Propheten gesprochen haben. Sie glauben an Jesus, den Christus, den versprochenen Retter und Erlöser.

Das hat der Prophet Jesaja so vorhergesagt:

10 Doch der Herr fand Gefallen an seinem zerschlagenen (Knecht), er rettete den, der sein Leben als Sühnopfer hingab. Er wird Nachkommen sehen und lange leben. Der Plan des Herrn wird durch ihn gelingen.
11 Nachdem er so vieles ertrug, erblickt er das Licht. Er sättigt sich an Erkenntnis. Mein Knecht, der gerechte, macht die vielen gerecht; er lädt ihre Schuld auf sich.
12 Deshalb gebe ich ihm seinen Anteil unter den Großen, und mit den Mächtigen teilt er die Beute, weil er sein Leben dem Tod preisgab und sich unter die Verbrecher rechnen ließ. Denn er trug die Sünden von vielen und trat für die Schuldigen ein. (Jesaja 53,10-12)

Der Prophet Jesaja spricht von einem Menschen, der viel leiden muss, aber dann wieder leben kann. Er wird für die Schuld anderer Menschen als Verbrecher bestraft und Gott wird ihn dafür belohnen.

In diesen Abschnitten der Bibel, im Neuen Testament, spricht Jesus über seinen bevorstehenden Tod:
Markus 8,31-33; 9,30-32; 10,32-34; Matthäus 16,21-23; 17,22.23; 20,17-19; Lukas 9,22; 9,44; 18,31-34

Markus 10,46-52; Matthäus 20,29-34; Lukas 18,35-43

Bartimäus kann wieder sehen und geht mit Jesus mit

Jesus und seine Freunde kommen in die Stadt Jericho. Als sie wieder aus der Stadt hinausgehen, folgen ihnen viele Menschen. Am Straßenrand sitzt ein blinder Bettler. Es ist Bartimäus, der Sohn des Timäus. Als er hört, dass Jesus kommt, ruft er laut: „Jesus, Sohn Davids, hab Erbarmen mit mir! Hilf mir!"
„Sei still!", drohen ihm die Menschen.

Doch Bartimäus ruft noch lauter: „Sohn Davids, habe Mitleid mit mir!"
Jesus bleibt stehen und sagt: „Ruft ihn her!"
Da sagen die Menschen zu Bartimäus: „Hab nur Mut! Steh auf! Jesus ruft dich."
Bartimäus springt auf, lässt seinen Mantel liegen und läuft zu Jesus.

„Warum schreist du nach mir?", fragt ihn Jesus.
Bartimäus sagt: „Herr, ich möchte wieder sehen können."
Jesus sagt zu ihm: „Weil du glaubst, bist du geheilt!"

Und im selben Augenblick kann der blinde Mann sehen und geht mit Jesus mit.

Jesus und seine Freunde sind auf dem Weg nach Jerusalem. Jesus weiß schon, was ihn in Jerusalem erwartet: Er wird dort sterben. Gott aber wird ihn aus dem Tod zu neuem Leben auferwecken. Als er seinen Jüngern das erzählen will, verstehen sie ihn nicht. Sie sind wie blind dafür, was Jesus ihnen zeigen will.

Auf dem Weg nach Jerusalem kommen sie durch Jericho. Als sie wieder aus der Stadt hinausgehen, treffen sie auf den blinden Bartimäus. Er sitzt am Straßenrand und bettelt. Als er hört, dass Jesus kommt, schreit er laut: „Sohn Davids, erbarme dich meiner!" Dieses Gebet wird in ähnlicher Art und Weise heute noch in vielen Kirchen gesungen oder gebetet: „Herr, erbarme dich!" Griechisch heißt das: „Kyrie eleison!" und bedeutet so viel wie: „Gott möge Erbarmen mit mir haben. Er möge mir barmherzig sein und mich sein gutes Herz spüren lassen".

Jesus lässt Bartimäus zu sich rufen. Dieselben Menschen, die den blinden Bettler erst zum Schweigen bringen wollten, sollen ihn nun zu Jesus holen. Bartimäus, der erst nur unangenehm stört, wird nun für sie zum Vorbild des Glaubens. Weil er Jesus vertraut, wird er geheilt. Er kann wieder sehen. Damit ist er ein Vorbild für die „blinden" Freunde von Jesus, die ihn nicht verstehen und nicht glauben können, dass er einmal aus dem Tod auferstehen wird. Bartimäus schließt sich Jesus an und geht mit ihm nach Jerusalem mit.

Markus 11,1-10

Jesus kommt nach Jerusalem

Jesus und seine Freunde kommen in die Nähe von Jerusalem, in die Ortschaften Betfage und Betanien.
„Geht in das Dorf", sagt Jesus zu zwei von seinen Freunden. „Dort findet ihr ein Fohlen einer Eselin. Noch niemand ist auf ihm geritten. Bindet es los und bringt es zu mir. Und wenn euch jemand fragt: „Was macht ihr da?", dann sagt: "Unser Herr braucht es und wird es dann wieder zurückschicken".
Die beiden Freunde gehen, finden den jungen Esel und binden ihn los. Einige Leute fragen: „Was macht ihr da? Warum bindet ihr den Esel los?" Als die beiden Freunde erzählen, dass Jesus sie geschickt hat, dürfen sie das Tier mitnehmen. Sie bringen den Esel zu Jesus und legen ihre Kleider darüber. Jesus setzt sich auf das Tier.

Er, seine Freunde und viele Menschen, die ihnen folgen, kommen nach Jerusalem.
Die Menschen in der Stadt begrüßen Jesus wie einen König: Wie einen Teppich breiten sie auf dem Weg ihre Kleider für ihn aus. Manche nehmen dazu auch Zweige von den Büschen und Bäumen. Die Menschen jubeln Jesus zu. „Hosanna! Gepriesen sei der, der im Namen des Herrn kommt!"

Matthäus 21,10-11

Die Leute fragen, wer der Mann auf dem Esel ist. „Das ist der Prophet Jesus aus Nazaret in Galiläa", rufen die Menschen, die ihn begleiten.

Markus 11,11

Jesus kommt so nach Jerusalem und in den Tempel. Er schaut sich alles an. Dann geht er am Abend mit seinen Freunden wieder zurück nach Betanien.

Hier erzählen die Evangelisten, wie Jesus nach Jerusalem kommt:
Markus 11,1-10; Matthäus 21,1-10; Lukas 19,28-40; Johannes 12,12-19.

Als Jesus mit seinen Freunden zum Paschafest nach Jerusalem kommt, wird er auf eine besondere Weise begrüßt. Die Evangelisten erzählen, dass die Menschen ihn wie einen König begrüßen.

Sie legen ihre Kleider auf den Weg und singen Loblieder. Mit dieser Begrüßung zeigen die Menschen, dass sie in Jesus große Hoffnung setzen. Sie wünschen sich, dass er der König ist, der sie von der Herrschaft der Römer befreit. Vielleicht erwarten sie auch noch viel mehr von ihm: Befreiung von allem Leiden und den Beginn einer neuen Zeit, in der alles gut wird.

Jesus reitet auf einem Esel. Damit zeigt er, dass er ein ganz besonderer König ist: Er hat es nicht nötig, mit einem prunkvollen Wagen oder auf einem wertvollen Pferd zu kommen. Er ist nicht stolz, er ist demütig. Er ist ein König, der sich für diejenigen interessiert, die von den meisten Menschen für klein und gering gehalten werden. Ein König, der sich für Menschen interessiert, die viel mit Eseln arbeiten oder die Lasten selbst tragen müssen, weil sie sich keinen Esel leisten können. Er ist ein König des Friedens und der Herzen, der keine Herrschaft und keine Gewalt über die Menschen ausüben will.

Im biblischen Buch Sacharja 9,9 steht über diesen König geschrieben:
„Juble laut, Tochter Zion! Jauchze, Tochter Jerusalem! Siehe, dein König kommt zu dir. Er ist gerecht und hilft; er ist demütig und reitet auf einem Esel, auf einem Fohlen, dem Jungen einer Eselin."

Markus 11,15-19; Matthäus 21,12-17; Lukas 19,45-48; Johannes 2,13-16

Jesus vertreibt die Händler aus dem Tempel

Jesus geht mit seinen Freunden wieder nach Jerusalem hinein. Er geht zum Tempel. Dort beginnt er, die Käufer und Verkäufer vom Vorhof des Tempels zu vertreiben. Er wirft die Tische der Geldwechsler und die Stände der Taubenverkäufer um und lässt nicht zu, dass jemand irgendetwas durch den Tempel trägt. Er schimpft mit den Leuten:
„Sagen die Heiligen Schriften nicht: Dieses Haus soll ein Haus des Gebets für alle Menschen sein? Ihr habt aber daraus ein Haus für Räuber gemacht."
Die Menschen wundern sich sehr über das, was Jesus sagt. Davon hören die Priester und Schriftgelehrten. Jetzt fragen sie sich, wie sie Jesus am besten töten können, denn sie haben Angst vor ihm. Am Abend verlassen Jesus und seine Freunde wieder die Stadt.

Als Jesus mit seinen Freunden nach Jerusalem kommt, besucht er zuerst den Tempel. Der Tempel ist für die gläubigen Juden, zu denen auch Jesus gehört, der heiligste Ort. An diesem Ort spüren sie besonders die wunderbare Nähe Gottes. Aber als Jesus zum Tempel kommt, nimmt er einen unwahrscheinlichen Geschäftslärm wahr, wie in einer riesigen Verkaufshalle. Verkäufer bieten ihre Opfertiere an, Geldwechsler tauschen das Geld, das die Menschen mitbringen, in Tempelgeld um. Es herrscht ein reges Treiben.

Jesus weiß, dass der Tempel dazu da ist, damit Menschen zu Gott finden können. Dort können sie zu ihm beten und seine Nähe besonders spüren. Alles andere lenkt nur davon ab. Auch dass Menschen den Weg durch den Tempel als Abkürzung verwenden und Gegenstände durch den Tempelbezirk tragen, ärgert Jesus. Diese Menschen haben nicht begriffen, dass der Tempel ein Ort des Gottesdienstes und nicht von Geschäften sein soll. Jesus zeigt durch sein energisches Handeln, was wirklich wichtig ist: Gott in der Stille und im Gebet zu begegnen und ihm sein Herz zu öffnen.

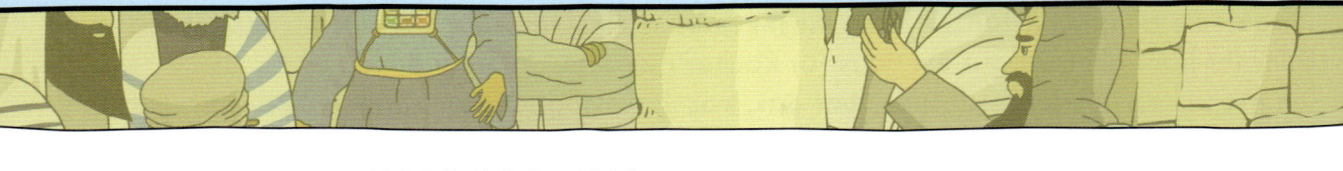

Markus 14,1-2.10-11; Matthäus 26,3-5.14-16; Lukas 22,1-6

Judas will den Priestern zeigen, wo sie Jesus finden

Bald soll das Paschafest stattfinden. Das Paschafest ist das Fest der ungesäuerten Brote und erinnert die Jüdinnen und Juden an die Befreiung aus einer Gefangenschaft vor vielen, vielen Jahren in Ägypten.
Die Hohenpriester und die Schriftgelehrten suchen nach einer günstigen Gelegenheit, wie sie Jesus möglichst unauffällig töten können. Sie haben Angst vor den Menschen.
Judas, ein Freund von Jesus, entschließt sich, nun Jesus an sie auszuliefern. Er geht zu den Hohenpriestern und Anführern des Volkes und bespricht mit ihnen, wie er ihnen zeigen kann, wo

sie Jesus finden können. Darüber freuen sie sich. Sie beschließen, ihm Geld dafür zu geben. Judas ist bereit, Jesus zu verraten. Er verspricht es ihnen und sucht nach einer günstigen Gelegenheit, wo er Jesus heimlich an sie ausliefern kann, ohne dass das Volk es merkt.

Die Evangelisten erzählen, wie Jesus weiter an Einfluss gewinnt. Immer mehr Menschen folgen ihm und hören auf ihn. Das beunruhigt die Hohenpriester und Anführer des Volkes Israel und macht ihnen Angst. Sie befürchten, es könnte Streit und Aufruhr im Volk geben, und die Römer, die das Land besetzt halten, würden dann noch strenger mit ihnen sein und sie noch mehr unterdrücken.
In den Augen der Hohenpriester und Anführer spricht Jesus über Gott in einer neuen Art und Weise, die sie nicht teilen, und die sie für gefährlich und falsch halten. Jesus sagt auch, dass er den Tempel zerstören und in drei Tagen wieder aufbauen könne.
Die Hohenpriester sehen darin eine große Beleidigung von Gott. So darf Jesus in ihren Augen nicht reden. Da müssen sie etwas gegen ihn unternehmen. Judas Iskariot bietet sich an, den Priestern und Anführern zu zeigen, wo sie Jesus finden können, um ihn gefangen zu nehmen, ohne dass es viele Menschen bemerken.

Schau auch im Lexikon unter Judas Iskariot nach.

Jesus weiß, wohin ihn sein Weg führt. Er hat seinen Freundinnen und Freunden auch schon gesagt, dass er leiden muss und sterben wird. Judas liefert ihn an die Hohenpriester und Anführer des Volkes aus. Das gehört zu dem Lebensweg, den Jesus zu gehen bereit ist.

Johannes 13,1-15

Jesus verabschiedet sich von seinen Freunden

Am Abend kommen Jesus und seine Freunde in einem besonderen Raum in Jerusalem zum Essen zusammen. Da setzt Jesus ein liebevolles Zeichen: Er nimmt ein Tuch, gießt Wasser in eine Schüssel und beginnt seinen Freunden der Reihe nach die Füße zu waschen. Als er zu Petrus kommt, fragt ihn dieser: „Du willst mir die Füße waschen? Niemals!"
„Lass dir die Füße von mir waschen", sagt Jesus zu ihm. „Du kannst es jetzt noch nicht begreifen. Später einmal wirst du verstehen, was ich hier tue. Wenn ich euch die Füße wasche, dann bin ich euer Diener. Genauso sollt auch ihr euch gegenseitig dienen und helfen."

In der Zeit von Jesus sind die Wege sehr staubig. Die Menschen haben auf der Straße offene Sandalen an. Wenn sie in ein Haus einkehren, sind ihre Füße schmutzig und müssen gewaschen werden. In den Häusern der Reichen stehen beim Hauseingang große Krüge mit Wasser, und Sklaven oder Diener waschen den Gästen die Füße. Diese Tätigkeit ist nicht angesehen.
Als Jesus seinen Freunden die Füße wäscht, sagt er ihnen damit, dass er ihnen gerne dient, und dass sie sich von ihm bedienen lassen dürfen. Damit stellt Jesus die Rangfolge auf den Kopf: Er, der Herr, dient denen, die ihm nachfolgen. Eigentlich sollte das umgekehrt sein: Die Nachfolgenden sollten seine Diener sein. Jesus will seinen Freunden damit ein Vorbild geben, dass sie auch einander dienen sollen. Sie sollen nicht versuchen, übereinander zu herrschen.

Johannes 13,21-30

Auf einmal wird Jesus sehr traurig. Seinen Freunden sagt er: „Einer von euch wird mich verraten." Die Freunde sind erstaunt und ratlos. Sie fragen ihn: „Wer von uns ist es?"
„Es ist der, dem ich das Brot reiche", antwortet Jesus. Dann nimmt Jesus das Brot und gibt es Judas. Zu ihm sagt Jesus: „Beeile dich und tue, was du schon längst geplant hast."
Die anderen verstehen nicht, was hier vor sich geht. Sie denken, Jesus schickt Judas weg, um einzukaufen oder den Armen etwas Geld zu geben. Aber Judas geht zu den Hohenpriestern, um ihnen zu sagen, wo sie Jesus finden können.

Schau auch im Lexikon unter Verrat nach.

Johannes 13,33-38

Jesus spricht an diesem Abend weiter zu seinen Freunden: „Meine Kinder, ich bin nicht mehr lange bei euch."
„Wo gehst du hin?", fragt ihn Petrus.
Jesus antwortet: „Wo ich hingehe, dorthin kannst du mir nicht folgen."
„Warum kann ich nicht mitkommen?", sagt Petrus. „Ich würde sogar für dich sterben."
„Du willst für mich sterben?", fragt ihn Jesus. „Weißt du, was du tun wirst? Noch bevor der Hahn kräht, wirst du dreimal sagen, dass du mich nicht kennst."

Schau auch im Lexikon unter Verleugnung nach.

Johannes 14-16

Jesus spricht lange mit seinen Freunden. Er erzählt ihnen, dass er zu Gott, seinem Vater, zurückkehrt. „Ich sende euch meinen Geist, damit ihr nicht allein in dieser Welt zurückbleibt.
Bleibt mit mir verbunden, wie der Weinstock mit den Reben verbunden ist. Wenn ihr in meiner Liebe bleibt, dann seid ihr mit mir verbunden.
Lasst euch nicht durch Angst entmutigen! Ich gebe euch meinen Frieden."
Dann betet Jesus für seine Freunde.

Schau auch im Lexikon unter Pfingsten nach.

Markus 14,17-26; Matthäus 26,20-29; Lukas 22,14-23

Jesus feiert mit seinen Freunden das Paschamahl

Während des Mahls nimmt Jesus das Brot und dankt Gott dafür in einem Lobpreis. Er bricht das Brot, reicht es seinen Freunden und sagt: „Nehmt und esst! Das ist mein Leib."
Dann nimmt er den Becher mit Wein, dankt Gott dafür und reicht ihn seinen Freunden und sie trinken alle daraus. Jesus sagt zu ihnen: „Trinkt alle daraus! Das ist mein Blut, das für viele vergossen wird."
Nach dem Essen singen sie miteinander den Lobgesang. Dann gehen sie hinaus zum Ölberg.

In der Nacht, bevor Jesus verraten wird, ist er mit seinen Freunden zusammen und feiert das Paschafest. Beim Paschamahl geht viermal der Becher mit Wein in der Runde der Feiernden herum.

Bevor der Becher das dritte Mal die Runde macht, spricht Jesus mit seinen Freunden über seinen Tod. Er sagt, dass sein Leib gebrochen wird, wie das Brot, das er an sie austeilt, und dass sein Blut für sie am Kreuz vergossen wird. Sie sollen sich immer, wenn sie miteinander Brot und Wein teilen, daran erinnern, was Jesus für sie getan hat:

Er hat sein Leben hingegeben, er ist für die Menschen gestorben und wieder auferstanden.

Markus 14,32-51; Matthäus 26,36-56; Lukas 2,39-53; Johannes 18,3-12

Jesus betet im Garten Getsemani

Jesus und seine Freunde kommen in der Nacht, nach dem Mahl, zum Garten Getsemani. Am Eingang des Ölgartens sagt er zu seinen Freunden: „Setzt euch hier hin, solange ich bete!" Dann nimmt er Petrus, Johannes und Jakobus mit sich.

Jesus hat große Angst. Er weiß, dass der Tod auf ihn zukommt. Deshalb sagt er zu ihnen: „Ich bin sehr, sehr traurig. Bleibt hier und wacht mit mir."

Er geht ein Stück weiter, lässt sich auf den Boden fallen und betet: „Vater, alles ist dir möglich. Nimm diesen Becher des Leidens von mir weg. Aber nicht wie ich es will, sondern wie du es willst, so soll es geschehen."
Als Jesus dann wieder zu seinen Freunden kommt, schlafen sie alle. „Warum schlaft ihr? Könnt ihr nicht eine einzige Stunde mit mir wach bleiben?", fragt Jesus seine Freunde.

Dreimal findet Jesus seine Freunde schlafend vor. Dann sagt er: „Jetzt ist es bald vorbei. Lasst uns gehen! Gleich kommt schon der, der mich verrät."

Da kommt Judas mit vielen bewaffneten Männern, die die Hohenpriester und Schriftgelehrten geschickt haben. Sie tragen Knüppel und Schwerter. Judas hat mit ihnen ein Zeichen verabredet. An einem Kuss sollen sie erkennen, wer Jesus ist. Als Judas Jesus einen Kuss gibt, kommen die

Männer und nehmen Jesus gefangen. „Warum kommt ihr mit Schwertern und Knüppeln, um mich gefangen zu nehmen?", fragt Jesus die Männer. „Bin ich denn ein Verbrecher?"

In der Nacht geht Jesus mit seinen Freunden in einen Garten, um zu beten. Dort zieht er sich zurück und nimmt nur seine engsten Freunde mit: Petrus, Johannes und Jakobus. Sie waren auch mit ihm zusammen, als Jesus die Tochter des Jairus zum Leben erweckt hat. Ihnen hat er sich auch auf einem Berg als Sohn Gottes gezeigt. So erzählen es die Evangelisten. Jetzt möchte Jesus, dass sie mit ihm wach bleiben und beten. Er entfernt sich ein Stück von ihnen, um beim Beten allein zu sein.

Seine Freunde schlafen ein. Sie haben noch nicht begriffen, dass Jesus bald sehr viel leiden muss und sterben wird. Für sie ist alles noch ganz so wie immer. Dreimal findet Jesus seine Freunde schlafend. Sie schaffen es nicht, mit ihm in seiner großen Not und Angst wach zu bleiben.

In seinem Gebet spricht Jesus mit Gott, seinem Vater. Er bittet ihn, ihn vor dem Leiden zu bewahren. Der Becher, von dem er spricht, ist ein Bild für das Leiden, das Jesus erwartet. Jesus bittet, dass er nicht daraus trinken muss. Aber die letzte Entscheidung überlässt er Gott selbst. Wenn es wirklich sein soll, dass er leiden und sterben muss, dann ist Jesus damit einverstanden und folgt diesem besonderen Weg. Darum wundert er sich auch, dass die Männer mit Knüppeln und Schwertern kommen. Das wäre gar nicht nötig. Sie brauchen Jesus nicht zu überwältigen. Er geht nicht mit ihnen mit, weil sie stärker sind, sondern weil er weiß, dass es so sein soll.

Markus 14,66-72; Matthäus 26,69-75; Lukas 22,54-62; Johannes 18,25-27

Petrus verleugnet Jesus und schämt sich

Jesus wird festgenommen und abgeführt und wird in das Haus des Hohenpriesters gebracht. Petrus folgt ihnen in einem sicheren Abstand. Mitten im Hof wird ein Feuer angezündet. Petrus setzt sich zu den Leuten, die um das Feuer sitzen. Eine Magd beobachtet Petrus, wie er dort sitzt, sieht ihn genau an und sagt:
„Der war auch mit diesem Jesus zusammen."
Petrus leugnet das und sagt zu ihr: „Frau, ich kenne ihn nicht!"

Nach einer kurzen Zeit sieht ihn ein anderer und sagt: „Du gehörst auch zu denen."
Petrus aber spricht: „Mensch, ich bin es nicht!"

Nach ungefähr einer Stunde behauptet wieder jemand: „Wahrhaftig, dieser war auch mit ihm zusammen, denn er kommt aus Galiläa."
Petrus erwidert: „Ich weiß nicht, wovon du sprichst!"

Noch während Petrus antwortet, kräht ein Hahn. Da dreht sich Jesus um und schaut Petrus an. Petrus denkt an das, was Jesus vorher zu ihm gesagt hat: „Ehe der Hahn kräht, wirst du mich dreimal verleugnen." Petrus läuft hinaus und weint.

Als Jesus festgenommen wird, fliehen alle seine Freunde. Sie laufen vor lauter Angst davon. Nur Petrus folgt ihm zu dem Haus des Hohenpriesters in einem sicheren Abstand. Während er sich im Hof am Feuer wärmt, erkennen ihn einige Menschen. Sie haben ihn mit Jesus gesehen und erkennen an seinem Dialekt, dass er aus Galiläa kommt. Petrus will nicht, dass er mit Jesus in Verbindung gebracht wird. Dreimal sagt er, dass er ihn nicht kennt.

Während Jesus im Haus des Hohenpriesters verhört wird, leugnet Petrus draußen, dass er zu Jesus gehört. Jesus steht ganz alleine da. Einer seiner Freunde hat ihn verraten, alle anderen sind geflohen, und Petrus leugnet, dass er ihn kennt.

In den Erzählungen der Evangelisten hat Petrus eine ganz besondere Rolle. Er antwortet oft schnell und will seinen Mut und seine Stärke zeigen. Jesus nimmt ihn gemeinsam mit Johannes und Jakobus zu besonderen Gelegenheiten mit. Als Jesus von seinem Tod spricht, will Petrus mit ihm sterben. Hier aber wird erzählt, dass Petrus auch ein schwacher Mensch ist, der an sein eigenes Überleben denkt. Trotzdem vertraut ihm Jesus – nach der Erzählung des Evangelisten Johannes – später seine Schafe an. Mit den Schafen sind diejenigen Menschen gemeint, die zu Jesus gehören.

Diese Geschichten sollen all die Menschen bestärken, die Fehler machen, und sich nicht so mutig zu Jesus bekennen. Gott hat seine Menschen immer lieb. Er vergibt ihnen ihre Schuld, und sie können einen ganz wichtigen Platz in Gottes Reich bekommen.

Wie die Geschichte weitergeht, ist beim Evangelisten Johannes 21,15-19 nachzulesen.

Markus 15,1-20 und Johannes 18,28-19,16; Matthäus 27,1-31; Lukas 23,1-25

Pontius Pilatus redet mit Jesus

Am nächsten Morgen beschließen die Mitglieder des Hohen Rates — die Hohenpriester, Ältesten und Schriftgelehrten — Jesus zu fesseln, ihn abzuführen und ihn dem römischen Statthalter Pontius Pilatus zu übergeben.

Da fragt ihn Pilatus: „Bist du der König der Juden?" Jesus antwortet ihm: „Du sagst es!" Da bringen die Priester viele Anklagen gegen Jesus vor. Pilatus wundert sich über Jesus und fragt ihn: „Warum verteidigst du dich nicht? Hörst du denn nicht, was sie dir vorwerfen?" Aber Jesus sagt kein Wort!
Jedes Jahr zu den Festtagen wird ein Gefangener frei gelassen. Der, den das Volk sich wünscht. Genau zu der Zeit ist Barabbas im Gefängnis. Er hat einen Aufstand gegen die Römer angeführt. Dabei ist ein Mensch getötet worden. Das Volk bittet Pilatus jetzt, einen Gefangenen freizulassen.

Pilatus fragt das Volk: „Wollt ihr, dass ich euch den König der Juden freilasse?" Pilatus weiß, dass ihm die Hohenpriester Jesus nur deshalb übergeben haben, weil sie neidisch auf ihn sind. Aber sie haben das Volk schon davon überzeugt, ihnen lieber Barabbas freizugeben.

Da fragt Pilatus: „Was soll ich mit dem tun, den ihr den König der Juden nennt?" Sie rufen: „Kreuzige ihn!" „Was hat er denn Böses getan?", fragt Pilatus. Da schreien sie noch lauter:

„Kreuzige ihn!"
Pilatus will es dem Volk recht machen und lässt Barabbas frei. Jesus aber lässt er auspeitschen und übergibt ihn den Soldaten, damit er gekreuzigt wird.

Die Soldaten bringen Jesus in den Palast. Sie legen Jesus einen roten Mantel um und setzen ihm eine Krone auf, die sie aus Dornen geflochten haben. Sie grüßen ihn: „Sei gegrüßt, König der Juden!" Und sie schlagen ihn mit einem Stock, sie spucken ihn an und sie knien zum Spott vor ihm wie vor einem König nieder.

Da tritt Pilatus wieder vor das Volk und sagt: „Ich kann keine Schuld an ihm finden!" Und Jesus kommt heraus. Er trägt die Dornenkrone und das Purpurgewand. Und Pilatus sagt: „Seht, da ist der Mensch!" Die Menschen wollen, dass Pilatus Jesus kreuzigen lässt. Pilatus möchte Jesus freilassen. Dann gibt er doch nach und übergibt Jesus den Soldaten, damit er gekreuzigt wird.

Nachdem die Hohenpriester und die Ältesten des Hohen Rates mit Jesus gesprochen haben, bringen sie ihn zu Pontius Pilatus. Sie meinen, dass Jesus nach ihren Gesetzen schuldig ist. Er hat in ihren Augen Gott beleidigt. Das ist nach der Meinung des Hohen Rates ein ausreichender Grund dafür, dass Jesus sterben muss. Das Gesetz, das Jesus damit gebrochen haben soll, ist aber ein Gesetz der Religion und nicht des Staates. Die Priester und Ältesten brauchen noch eine Bestätigung durch den Vertreter des römischen Kaisers, Pilatus, damit Jesus gekreuzigt werden kann. Wenn sie selbst das Todesurteil vollstreckt hätten, dann hätten sie Jesus nicht gekreuzigt, sondern gesteinigt. Als sie Jesus zu Pilatus bringen, fragt er ihn, ob er der König der Juden ist. Pilatus hat davon gehört, dass das jüdische Volk auf einen ganz besonderen Retter wartet.

Sie warten auf den Messias. Der soll aus der Familie von König David kommen. So nennt Pilatus Jesus auch König der Juden. König wird Jesus sonst nur noch von den Sterndeutern genannt, die nach dem neugeborenen Königskind suchen. Pilatus findet keinen ausreichenden Grund, Jesus zum Tod zu verurteilen. Er wundert sich darüber, dass Jesus nicht auf die Vorwürfe antwortet. Jesus schweigt und verteidigt sich nicht. Auch vor dem Hohen Rat hat Jesus sich nicht verteidigt. Pilatus spricht zunächst kein Todesurteil über Jesus. Er möchte Jesus freilassen und bietet das dem Volk an. Er entscheidet aber nicht selbst, sondern lässt das Volk entscheiden. Das Volk wählt Barabbas, und Pilatus übergibt Jesus zur Kreuzigung.

Markus 15,21-41; Matthäus 27,31-56; Lukas 23,26-49; Johannes 19,16-30

Jesus stirbt am Kreuz

Jesus wird von den Soldaten aus der Stadt hinaus zur Kreuzigung geführt. Unterwegs zwingen sie einen Mann, der vom Feld kommt, Jesus beim Tragen des Kreuzes zu helfen. Es ist Simon von Zyrene, der Vater des Alexander und des Rufus.

Sie bringen Jesus an einen Ort mit dem Namen Golgota, das heißt übersetzt: Schädelstätte.
Dann geben sie ihm Wein, der mit Myrrhe gewürzt ist, aber Jesus will nicht trinken.
Danach wird Jesus gekreuzigt. Die Soldaten teilen die Kleider von Jesus unter sich auf. Sie werfen das Los. Damit wird entschieden, wer welches Stück seiner Bekleidung bekommen soll.
Jesus wird zur Mittagszeit gekreuzigt. Zur selben Zeit wird es im ganzen Land dunkel, und die Dunkelheit dauert drei Stunden.
Auf einer Tafel, die auf dem Kreuz befestigt wird, steht der Grund für die Kreuzigung von Jesus geschrieben: „König der Juden".

Neben ihm werden zwei Räuber gekreuzigt, einer links von ihm und der andere rechts.
Die Menschen, die vorübergehen, machen sich lustig über Jesus und verspotten ihn.
Gegen drei Uhr nachmittags ruft Jesus laut: „Mein Gott, mein Gott, warum hast du mich verlassen?" Jemand gibt Jesus noch Essig zu trinken.
Dann schreit Jesus laut auf und stirbt.
Der Vorhang im Tempel zerreißt in zwei Stücke von oben bis unten.

Und ein römischer Hauptmann, der sieht, wie Jesus stirbt, sagt: „Dieser Mensch war wirklich Gottes Sohn."
Einige Frauen sehen von der Ferne zu: Maria von Magdala und Maria, die Mutter von Jakobus, und Salome. Sie sind Jesus schon von Galiläa bis Jerusalem nachgefolgt und haben ihm gedient. Und noch andere Frauen sind dabei, die ihn auf diesem Weg begleitet haben.

*Die Soldaten führen Jesus zu dem Ort, wo er gekreuzigt wird. Sie wollen ihm ein Betäubungsgetränk, Wein mit Myrrhe gemischt, geben. Mit diesem Getränk hätte Jesus die Schmerzen nicht so stark gespürt, aber Jesus lehnt es ab. Er nimmt dieses schwere Leiden bewusst auf sich und will die Schmerzen nicht abmildern. Die Schuld, die Jesus vorgeworfen wird, ist auf ein Schild geschrieben: „König der Juden".
Erst zieht Jesus wie ein König*

nach Jerusalem ein, und viele begrüßen ihn freudig. Jetzt ist sein Lebensweg zu Ende und er stirbt in Jerusalem. Er lässt sich durch nichts von seinem Weg abbringen, auch nicht durch den drohenden Tod. Jesus weiß – so erzählt die Bibel - schon vorher, dass er sterben wird. Er spricht auch mit seinen Freundinnen und Freunden schon vorher darüber. Er weiß, dass er sterben muss, damit die Menschen wieder zu Gott finden können.

Die Römer bestrafen Verbrecher oder Aufständische mit der Kreuzigung. Der Hohe Rat, die geistlichen Führer des Volkes Israel, und die politische Besatzungsmacht, die Römer, wirken beim Tod von Jesus zusammen. Jesus gerät unter die Räder der Mächtigen im Staat und in der Religion. Ihm, der keine Gewalt gegen irgendjemanden anwendet und der die Liebe predigt und lebt, wird die äußerste Gewalt angetan: der Kreuzestod. Spott, Hohn und Gewalt begleiten seinen Leidensweg. Er leidet und stirbt. Alle seine Freunde verlassen ihn. Einige der Frauen schauen aber aus der Ferne zu.

Jesus spricht ein Gebet, das alle gläubigen Juden im Sterben beten: „Mein Gott, mein Gott, warum hast Du mich verlassen?" Er ist ganz allein. Aber er stirbt in die Hände Gottes hinein, die ihn zu neuem Leben erwecken. So zeigt sich, dass es keinen von Gott verlassenen Ort gibt, nicht einmal im Sterben ist der Mensch von Gott verlassen. Dort, wo für die Menschen alles zu Ende ist, kommt die Wende durch Gott. Gott begegnet der menschlichen Gewalt mit seiner Leben spendenden Liebe.

Durch den Tod von Jesus wird es möglich, dass alle Menschen zu Gott kommen können. Er versöhnt Gott und die Menschen miteinander, sagt der Apostel Paulus und versucht so zu erklären, warum Jesus sterben musste.

Markus 15,42-47; Matthäus 27,57-61; Lukas 23,50-56

Jesus wird begraben

Es kommt der Abend, nachdem Jesus gekreuzigt wurde, und bald beginnt der Sabbat.

Josef ist ein reicher Mann aus Arimathäa und ein angesehener Ratsherr. Er wartet auch auf das Reich Gottes. Josef geht zu Pontius Pilatus und bittet ihn um den Leichnam von Jesus. Er möchte ihn gerne noch vor dem Sabbat begraben. Pilatus ist überrascht, als er hört, dass Jesus schon tot ist. Er lässt den Hauptmann, der bei seinem Tod dabei war, kommen, und fragt ihn, ob Jesus schon tot ist. Dieser bestätigt es. Dann überlässt Pilatus Josef den toten Körper von Jesus. Josef kauft ein großes Leinentuch und nimmt Jesus vom Kreuz ab. Er wickelt ihn in das Tuch und legt ihn in ein Grab, das in einen Felsen gehauen ist. Schließlich wälzt Josef einen großen Stein vor den Eingang des Grabes. Maria von Magdala und Maria, die Mutter von Jesus, beobachten genau, wo der Leichnam hingelegt wird.

Die Evangelisten Markus, Matthäus und Lukas erzählen, dass Josef aus der Stadt Arimathäa dafür sorgt, dass Jesus noch vor dem Sabbat begraben wird. Wenn der Sabbat beginnt, wenn der erste Stern am Himmel sichtbar wird, dann darf niemand mehr arbeiten. So hätte der tote Körper von Jesus noch bis zum Abend des nächsten Tages am Kreuz hängen müssen. Dann wäre der Leichnam der Hitze und den Tieren ausgesetzt gewesen.

Josef von Arimathäa ist ein Freund von Jesus, er wartet auch auf das Reich Gottes. Mit diesem Begräbnis erweist er Jesus eine hohe Ehre.

Josef bestattet Jesus mit der Würde, die jedem Menschen zusteht, nämlich in einem eigenen Grab begraben zu werden. Er bestattet ihn in der Grabstätte seiner Familie. Normalerweise werden Verbrecher in großen Gemeinschaftsgräbern bestattet und niemand weiß genau, wo die Leiche hingelegt wird.

Die Frauen, die Jesus die ganze Zeit begleiten, beobachten jetzt, wo sein Leichnam hingebracht wird. Weil aber der Sabbat schon sehr nahe ist, und das Begräbnis schnell vonstatten gehen soll, können sie den Leichnam nicht mehr mit Salben einreiben, wie es bei einem Begräbnis üblich ist. Sie müssen damit warten, bis der Sabbat vorbei ist.

Johannes 20,1-18

Jesus ist auferstanden

Am ersten Tag der Woche kommt Maria von Magdala, als es noch dunkel ist, zum Grab von Jesus. Sie sieht, dass der Stein vom Grab weggerollt wurde. Sofort läuft sie zu Petrus und Johannes. Aufgeregt sagt sie:

„Jemand hat den Herrn aus dem Grab genommen, und wir wissen nicht, wo er ist."

Petrus und Johannes laufen hin, um nachzusehen. In der Grabhöhle liegen nur noch die Leinentücher, in die Jesus eingewickelt war. Sie verstehen noch nicht, was hier geschehen ist, und gehen wieder nach Hause.

Maria von Magdala aber bleibt noch beim Grab. Sie trauert und weint. Dann schaut sie in das Grab und sieht darin zwei Gestalten in weißen Gewändern.
Die beiden fragen Maria: „Warum weinst du?"

„Jemand hat meinen Herrn weggenommen, und ich weiß nicht, wo er jetzt ist", antwortet Maria.

Maria dreht sich um, sieht Jesus dastehen, aber sie erkennt ihn nicht. „Warum weinst du? Wen suchst du?", fragt Jesus. Maria denkt, es ist der Gärtner, der hier zu ihr spricht. „Wenn du ihn fortgenommen hast, dann sag mir, wohin du ihn gebracht hast. Ich möchte ihn holen."

Jesus spricht sie an: „Maria!" Jetzt erkennt sie ihn. „Rabbuni!", sagt sie. In ihrer Sprache heißt das: „Mein Meister!" Jesus sagt ihr: „Fass mich nicht an und halte mich nicht fest, denn ich bin noch nicht bei meinem Vater im Himmel. Gehe aber zu meinen Freunden und sage ihnen: Ich gehe zu meinem Vater und zu eurem Vater, zu meinem Gott und zu eurem Gott."

Nun geht Maria von Magdala zu den Freunden von Jesus und verkündet ihnen:
„Ich habe den Herrn gesehen!"
Und sie erzählt ihnen alles, was Jesus ihr aufgetragen hat.

Der Evangelist Johannes erzählt, wie Maria von Magdala frühmorgens zum Grab von Jesus kommt.

Die anderen Evangelisten erzählen, dass Maria mit zwei anderen Frauen zum Grab geht, um den Leichnam von Jesus mit kostbaren Ölen einzubalsamieren. Bei seiner Bestattung war das aufgrund der Eile vor dem Sabbat nicht mehr möglich.

Maria kommt zum Grab und findet es leer vor. Jetzt denkt sie, dass jemand den toten Körper von Jesus weggenommen hat. Sie läuft zu Johannes und Petrus. Beide sehen dann auch das leere Grab. Keiner weiß genau, was hier passiert ist. Hat jemand die Leiche gestohlen oder vielleicht woanders hingelegt?
Noch immer können die Freunde und Freundinnen von Jesus nicht verstehen, was geschehen ist,

obwohl Jesus ihnen schon vorher gesagt hat, dass er sterben und nach drei Tagen auferstehen würde.

Maria von Magdala bleibt allein am Grab zurück.
Eine ihr unbekannte Person fragt sie, warum sie weint. Sie erzählt, dass sie traurig ist, weil sie nicht weiß, wo der Leichnam von Jesus ist. Da spricht der Unbekannte sie mit ihrem Namen an: „Maria". An der Stimme, oder an der Art, wie er den Namen ausspricht, erkennt Maria, dass es Jesus ist, der hier zu ihr spricht. „Rabbuni", sagt sie zu ihm. Das heißt soviel wie: „Mein Rabbi!", also: „Mein Lehrer!" oder „Meister!". So wird Maria Jesus auch vor seinem Tod genannt haben.
Maria weiß jetzt: Jesus ist nicht tot und niemand hat seinen Leichnam weggetragen. Jesus lebt und er redet mit ihr.

Wie Jesus vom Tod zum Leben gekommen ist, wird nicht erzählt. Es bleibt ein Geheimnis.
Gott hat den toten Jesus zu neuem Leben auferweckt. Damit zeigt Gott, dass seine Leben spendende Kraft stärker ist als der Tod. Gott will das Leben für alle Menschen.
Jesus ist der Erste, der vom Tod in ein neues Leben kommt. Jetzt dürfen alle, die an Jesus glauben, Hoffnung haben, dass Gott auch sie einmal von den Toten auferwecken wird.

Lukas 24,13-49; Markus 16,14-19; Matthäus 28,9-10.16-20; Johannes 20,19-23

Jesus erscheint seinen Freundinnen und Freunden

Am selben Tag sind zwei Freunde von Jesus auf dem Weg in ein Dorf namens Emmaus. Sie reden miteinander über all das, was sich in den letzten Tagen in Jerusalem ereignet hat. Während sie miteinander reden und ihre Gedanken austauschen, kommt Jesus dazu und geht mit ihnen. Aber sie erkennen ihn nicht; sie sind wie blind.

Jesus fragt sie: „Worüber redet ihr denn?" Da bleiben sie traurig stehen, und der eine von ihnen sagt: „Bist du denn so fremd in Jerusalem, dass du als Einziger nicht weißt, was dort in diesen Tagen geschehen ist?"
Er fragt: „Was ist denn geschehen?"
Sie antworten: „Das mit Jesus von Nazaret. Er war ein Prophet. Doch unsere Hohenpriester und Führer haben ihn zum Tod verurteilt und ans Kreuz schlagen lassen. Wir hatten aber gehofft, dass er der von Gott versprochene Retter ist, der Israel erlösen wird. Und dazu ist heute schon der dritte Tag, seitdem das alles geschehen ist. Noch dazu haben uns einige Frauen in Aufregung versetzt. Sie waren früh morgens beim Grab, fanden aber seinen Leichnam nicht. Sie erzählten, dass ihnen Engel erschienen sind, die gesagt hätten, dass er lebt."
Da sagte Jesus zu ihnen: „Begreift ihr denn nicht? Wie schwer fällt es euch, all das zu glauben, was die Propheten über den Retter gesagt haben. Musste er denn nicht all das erleiden, um so in die Herrlichkeit Gottes zu gelangen?"
Und er erklärt ihnen, was in den Schriften über den Retter steht.

Am Abend erreichen sie das Dorf Emmaus und sie drängen Jesus, bei ihnen zu bleiben. Da geht er mit in ihr Haus. Bei Tisch nimmt er das Brot, spricht den Lobpreis, bricht das Brot und gibt es ihnen. Da gehen ihnen plötzlich die Augen auf, und sie erkennen ihn. Jesus ist aber inzwischen verschwunden. Sie sagen zueinander: „Brannte uns nicht das Herz in der Brust, als er unterwegs mit uns redete und uns den Sinn der Schrift erklärte?"
Sie laufen schnell nach Jerusalem zurück und erzählen den anderen von Jesus, was sie unterwegs erlebt haben und wie sie Jesus erkannt haben, als er das Brot geteilt und ihnen gereicht hat.
Während sie noch miteinander darüber reden, kommt plötzlich Jesus selbst in ihre Mitte und sagt zu ihnen: „Friede mit euch!"
Sie erschrecken sehr und haben große Angst, denn sie denken, dass ein Geist vor ihnen steht. Jesus aber spricht zu ihnen: „Warum erschreckt ihr euch so und denkt, ich wäre ein Geist? Schaut mich an! Seht ihr meine Wunden? Ich bin es wirklich. Fasst mich an, spürt mein Fleisch und meine Knochen und überzeugt euch davon, dass ich es bin."
Und dann zeigt er ihnen seine Hände und Füße. Als sie immer noch nicht begreifen können, was geschieht, fragt Jesus: „Habt ihr etwas zu essen da?" Sie geben ihm ein Stück gebratenen Fisch. Da isst Jesus das Stück Fisch vor ihren Augen.
Dann sagt er zu ihnen: „Ich habe es euch ja schon gesagt, als ich noch bei euch war: Alles, was die Propheten gesagt haben, muss in Erfüllung gehen." Und Jesus erklärt seinen Freundinnen und Freunden, was in der Heiligen Schrift zu finden ist: „Dort steht es ja geschrieben: Der versprochene Retter muss leiden, sterben und am dritten Tag vom Tod auferstehen. Und in seinem Namen wird verkündigt, dass nun alle Menschen zu Gott kommen können. Ihr habt das alles miterlebt. Ihr seid Zeugen von all dem. Erzählt davon in der ganzen Welt und fangt in Jerusa-

lem damit an. Wartet aber noch hier in der Stadt, bis ich euch den Geist Gottes und die Kraft aus der Höhe schicke."
Jesus erscheint seinen Freunden noch ein paar Mal, bevor er zu Gott zurückkehrt.

Die Evangelisten erzählen davon, wie Jesus seinen Freunden und Freundinnen nach seiner Auferstehung öfter erscheint. Zuerst erkennen sie ihn nicht und haben Angst. Jesus beruhigt sie immer wieder und zeigt sich als ihr guter Freund. Sie können nicht glauben, dass Jesus wieder lebt, obwohl er gestorben ist. Sie denken zuerst, es sei ein Geist. Jesus zeigt ihnen, dass er kein Geist ist, sondern einen echten Körper hat. Er zeigt ihnen seine Wunden und er isst und trinkt. Das kann kein Geist tun. Jesus zeigt ihnen auf diese Weise, dass er lebendig ist.

Er sagt seinen Freundinnen und Freunden auch, was er von ihnen in Zukunft möchte. Er will, dass sie allen Menschen davon erzählen, dass Gott uns selbst über den Tod hinaus Leben schenkt. Deshalb gibt es für jede noch so schwierige Lage Hoffnung: Nicht die Gewalt der Menschen, die Jesus kreuzigen, und auch nicht der Tod, haben das letzte Wort, sondern Gott, der zu neuem Leben auferweckt. Alle Menschen dürfen nun zu Gott kommen, der Leben spendet. Bevor seine Freunde und Freundinnen aber allen Menschen diese frohe Botschaft bringen, sollen sie in Jerusalem warten, bis Jesus sie mit seiner Kraft, die er vom Himmel schicken wird, ausrüstet: indem Gott ihnen seinen Geist und Atem der Liebe und des Lebens sendet, der ihnen helfen soll.

Diese Geschichte kannst du auch bei den anderen Evangelisten finden:
Markus 16,14-19; Matthäus 28,9-10.16-20; Johannes 20,19-23.

Apostelgeschichte 1-2

Jesus sendet seinen Geist

50 Tage nach dem Paschafest, vor dem Jesus gekreuzigt wurde, sind viele Freundinnen und Freunde von Jesus zum jüdischen Pfingstfest in Jerusalem versammelt. Es ist das erste der beiden Erntedankfeste. Das zweite wird im Herbst gefeiert.

Sie treffen sich in einem Haus, um miteinander zu beten. Da erfüllt plötzlich ein gewaltiges Brausen wie von einem heftigen Sturm das ganze Haus, in dem sie sind. Auf einmal werden alle vom Geist Gottes, von seiner Kraft und seinem Feuer der Liebe erfüllt. Sie erzählen den Leuten, die aus vielen Ländern zum Fest nach Jerusalem gekommen sind, auf den Straßen und Plätzen von Jesus und von Gott. Und die Leute verstehen sie, obwohl sie nicht in ihren Muttersprachen sprechen.
Etwa dreitausend Leute kommen an diesem Tag zum Glauben an Jesus und lassen sich taufen.

Der Glaube an Jesus Christus verbreitet sich im ganzen Land. Überall entstehen kleine Gruppen: Freunde von Jesus, Frauen und Männer, die im Geist von Jesus leben und ihm folgen.

Der Evangelist Lukas hat nach seinem Evangelium noch ein weiteres Buch über die Geschichte der Ausbreitung der frohen Botschaft von Jesus geschrieben: die Apostelgeschichte. Hier beschreibt er, wie immer mehr Menschen an Jesus glauben, und wie sein Geist weiterwirkt. Zuerst sind nur Jesus und seine Freunde und Freundinnen da. Jesus gibt ihnen den Auftrag, allen Menschen von Gott zu erzählen. Sie warten in Jerusalem, bis sie den Geist Gottes empfangen. Wie das Feuer der Liebe und wie die Kraft des Sturms, die plötzlich alle Angst wegbläst, erleben sie diesen Geist. Durch diesen Lebensatem bekommen sie von Gott Kraft, Mut und die richtigen Worte, um von Gottes Liebe zu allen Menschen zu sprechen.

Alle Menschen können sie verstehen, obwohl sie andere Sprachen sprechen: Der Geist und die Liebe Gottes machen es möglich, dass sich alle Menschen und Völker verstehen. Lukas erzählt vom Geist Gottes in den Bildern von Feuer und Sturm und von der einen Sprache, die alle Menschen vereint. Lukas berichtet, dass am Pfingsttag 3000 Menschen an Jesus zu glauben beginnen. Der Glaube an Jesus Christus verbreitet sich immer weiter. In vielen Städten gibt es Menschen, die an Jesus Christus glauben. Später einmal werden sie Christen genannt: Männer und Frauen, Freunde von Jesus, die im Geist von Jesus leben und ihm folgen, so wie die ersten Freunde und Freundinnen Jesus nachfolgen, deren Geschichten in den Evangelien aufgeschrieben sind.

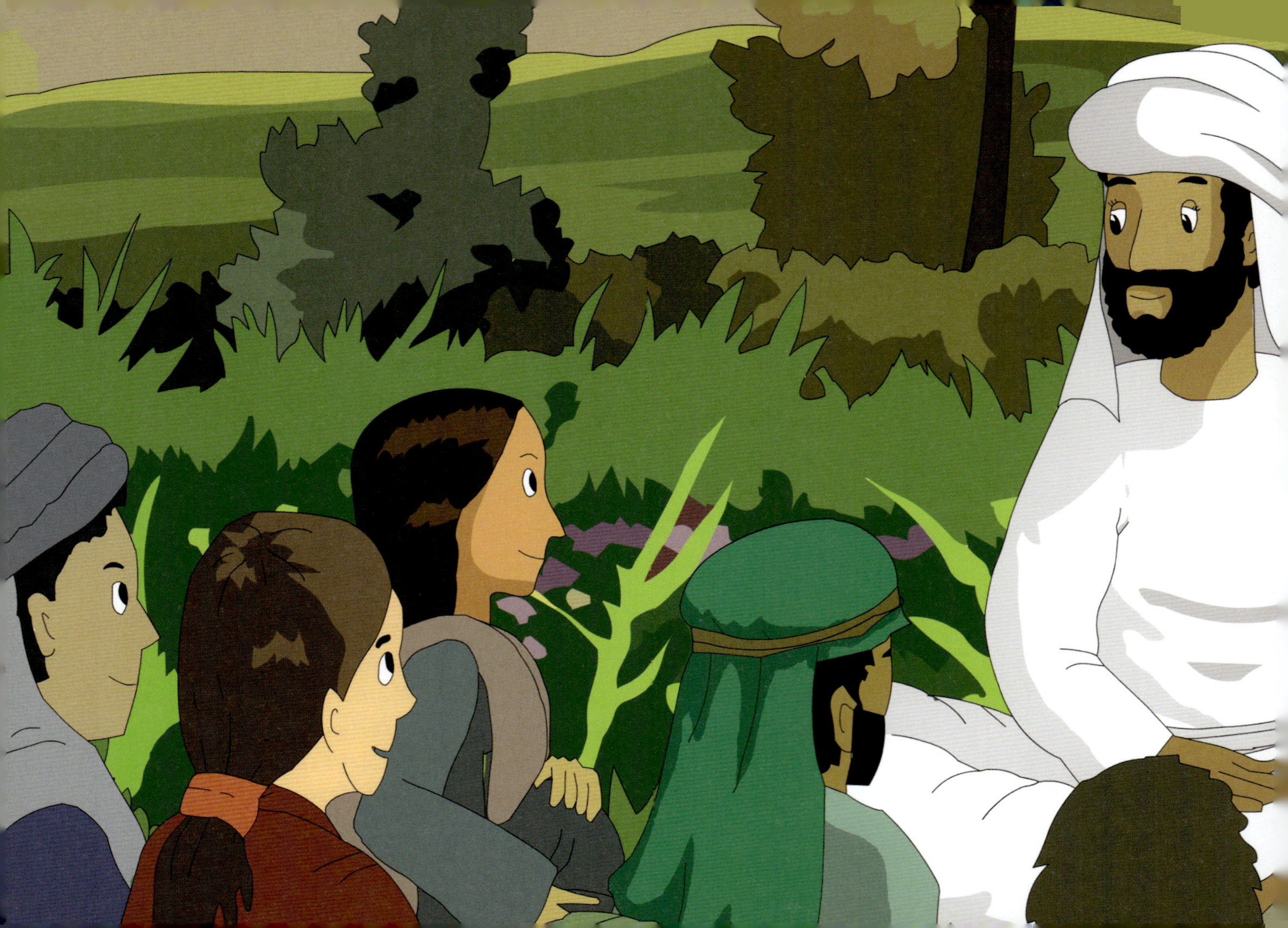

Lexikon

In diesem Lexikon sind alle Begriffe, die Ihr nachlesen könnt, grün markiert.

Abendmahl

In der Nacht, bevor Jesus verraten wird, ist er mit seinen Freunden zusammen und feiert das Paschafest.
Beim Paschamahl geht viermal der Becher mit Wein in der Runde der Feiernden herum. Bevor der Becher das dritte Mal die Runde macht, spricht Jesus über seinen Tod. Er sagt, dass sein Leib gebrochen wird, wie das Brot, das er an sie austeilt, und dass sein Blut für sie am Kreuz vergossen wird. Sie sollen sich immer, wenn sie miteinander Brot und Wein teilen, daran erinnern, was Jesus für sie getan hat: Er hat sein Leben hingegeben, er ist für die Menschen gestorben und wieder auferstanden. Deshalb feiern die Christinnen und Christen in allen Kirchen noch heute das Abendmahl als Dank und Erinnerung an Jesus. Oft werden diese Bibelworte aus dem ersten Brief des Apostels Paulus an die Gemeinde von Korinth, Kapitel 11, in der Feier verwendet:

23 Jesus, der Herr, nahm in der Nacht, in der er ausgeliefert wurde, Brot,
24 sprach das Dankgebet, brach das Brot und sagte: Das ist mein Leib für euch. Tut dies zu meinem Gedächtnis!
25 Ebenso nahm er nach dem Mahl den Kelch und sprach: Dieser Kelch ist der Neue Bund in meinem Blut. Tut dies, sooft ihr

*daraus trinkt, zu meinem Gedächtnis!
26 Denn sooft ihr von diesem Brot esst und aus dem Kelch trinkt, verkündet ihr den Tod des Herrn, bis er kommt.*

Nachzulesen in Markus 14,22-25; Matthäus 26,26-29; Lukas 22,14-20.

Advent

Das Wort Advent bedeutet Ankunft. In der Adventzeit warten Christinnen und Christen auf die Ankunft, auf das Kommen von Jesus. Sie warten auf das Weihnachtsfest. Da feiern sie die Geburt von Jesus. Gott ist auf diese Welt gekommen. Heute warten Christinnen und Christen in der Adventzeit auch darauf, dass Gott hier und jetzt wieder in diese Welt kommt. Sie wünschen sich, dass Gott Frieden, Liebe und Gerechtig-keit in diese Welt bringt.
Viele Christinnen und Christen beten darum, selbst mehr zu lieben, gerechter zu sein und in Frieden miteinander zu leben. Sie beten darum, dass Gott durch sie handelt.
Die Adventzeit kann unterschiedlich lang sein. Sie beginnt mit dem 1. Adventsonntag und endet am 24. Dezember.

Allerheiligstes

Das Allerheiligste war ein Raum im jüdischen Tempel in Jerusalem. Die Menschen glaubten, hier wohne Gott. Deshalb durfte diesen Raum niemand betreten, mit einer Ausnahme: Einmal im Jahr, zum Versöhnungsfest des jüdischen Volkes, dem Jom Kippur, ging der Hohepriester in das Allerheiligste hinein. Heute gibt es diesen Tempel in Jerusalem nicht mehr.

Schau auch unter Tempel nach.

A

A

Altar

Ein Altar ist zunächst eine Art Denkmal: In der Bibel wird erzählt, dass Menschen an jenem Ort, an dem sie die Nähe Gottes in besonderer Weise erfahren, einen großen Stein aufgestellt haben. Der Stein erinnert sie an dieses Erlebnis.

Später bringen die Menschen an diesen Orten Gott Opfer dar.
Opferaltäre haben bei den Juden die Form von Tischen mit Hörnern an den vier Ecken. Im Tempel von Jerusalem gibt es verschiedene Altäre. Im Vorraum des Allerheiligsten dient der Altar dazu, dort die Räucherpfanne mit dem Weihrauch abzustellen.

Allerheiligstes

Altar für Tieropfer

Rauchopferaltar

Altar mit Opferschüssel

Altes Testament

Das Alte Testament ist eine Sammlung von Büchern. Dort sind die wichtigsten Texte für den jüdischen Glauben zu finden: die Geschichte Israels, viele Gesetzessammlungen, Lieder, Gedichte, Prophetenworte und -erzählungen.

Jesus ist Jude. Auch die ersten Christinnen und Christen sind in der Mehrzahl Jüdinnen und Juden. Die Sammlung ihrer Schriften nennen wir Neues Testament. Das Wort Testament bedeutet Bund. Ein Bund ist ein gegenseitiges Versprechen. Gott verspricht, für das Volk Israel da zu sein und es zu segnen. Die Israeliten versprechen Gott, ihm treu zu sein. Der Bund mit dem Volk Israel besteht bis heute. Für **Christinnen und Christen** hat Gott durch Jesus einen neuen Freundschaftsbund mit allen Menschen geschlossen.

So gibt es also einen ersten und einen zweiten Bund. Deshalb nennen manche Menschen diese Büchersammlungen der **Bibel** auch Erstes und Zweites Testament. Damit soll deutlich werden: Das Judentum ist zuerst da, und das **Christen**tum baut darauf auf. Hier finden wir die Wurzeln für den christlichen Glauben, denn Grundlage des christlichen Glaubens ist die **Bibel**. Das sind alle Schriften des Alten und des Neuen Testaments.

Dort finden wir 46 Bücher in der Sammlung des Alten Testaments. Das entspricht der Tradition der katholischen und der orthodoxen Kirche. In der protestantischen Tradition gehören die so genannten späten Schriften – Judit, Tobit, zwei Makkabäerbücher, Kapitel 13 und 14 vom Buch Daniel, Weisheit, Jesus Sirach und Baruch – nicht zum Alten Testament. Diese späten Schriften sind aber in vielen protestantischen **Bibel**ausgaben als Anhang enthalten.

Wir haben uns für die Bezeichnung Altes und Neues Testament entschieden, weil für uns das Wort „alt" auch die Bedeutung „besonders gut" oder „besonders bewährt" hat. Wir wollen damit unsere besondere Wertschätzung gegenüber dem jüdischen Glauben ausdrücken.

Andreas

Andreas ist ein Fischer. Jesus trifft Andreas und seinen Bruder Simon (Petrus) beim Fischfang. Jesus ruft Andreas zu, dass er ihm nachfolgen soll. Andreas folgt Jesus nach und wird so zu einem seiner Jünger und sein Freund.

Auferstehung

Jesus Christus ist der Erste, der von den Toten auferstanden ist. Christinnen und Christen glauben, dass Gott alle Menschen, die an ihn glauben, von den Toten auferweckt. Dann werden sie für immer bei Gott sein. Sie glauben an die Auferstehung von den Toten.

Auferstehung von Jesus Christus

Die Evangelisten erzählen, dass Jesus Christus von den Toten auferstanden ist. Wie das geschehen ist, bleibt ein Geheimnis. Darüber erfahren wir nichts. Wir erfahren nur, dass Jesus am Kreuz gestorben ist. Menschen bezeugen seinen Tod und auch, dass er begraben wird. Freitagnachmittag stirbt er, am Samstag besucht niemand sein Grab, weil Sabbat ist, und die Menschen an diesem Tag ausruhen sollen. Ganz früh am Sonntagmorgen ist Jesus aber nicht mehr im Grab zu finden.

Am dritten Tag ist Jesus Christus von den Toten auferstanden. Für die Freundinnen und Freunde von Jesus ist es zuerst schwierig, daran zu glauben. Aber dadurch, dass ihnen der auferstandene Jesus einige Male erscheint, begreifen sie langsam, dass er es ihnen schon immer gesagt hat, sie es aber bis jetzt nicht verstehen konnten: Gott erweckt aus dem Tod zu neuem Leben. Nicht der Tod ist das Ziel unseres Lebens, sondern die Liebe Gottes, die zum ewigen Leben erweckt.

Auferweckung

Das Wort Auferweckung zeigt auf, was Gott an Jesus und an allen Menschen tut: Gott erweckt zu neuem Leben. Demgegenüber betont das Wort Auferstehung, dass Jesus selbst Gottes Sohn ist: Jesus ist auferstanden.

Auszug aus Ägypten

Lange schon leben die Israelitinnen und Israeliten als Fremdarbeiter in Ägypten. Als in ihrem Heimatland eine große Hungersnot herrschte, sind sie nach Ägypten gekommen. Hier werden sie vom Pharao, dem ägyptischen König, unterdrückt und als Sklavenarbeiter gehalten. Sie müssen für die Ägypter hart arbeiten, und werden von ihnen auch geschlagen. Ihre Arbeit ist anstrengend und sie leiden sehr darunter. Sie können nicht so leben, wie sie wollen, und dürfen auch das Land nicht verlassen.

Im Alten Testament wird davon erzählt, wie Gott sein Volk, die Israelitinnen und Israeliten, aus Ägypten befreit. Deshalb ruft er Mose, der gerade in einem fernen Land die Tierherden seines Schwiegervaters hütet, von den Herden weg und schickt ihn nach Ägypten, um seinem Volk zu helfen.
Nach vielen wunderbaren Ereignissen, die

A

Gott vollbringt, erlaubt der Pharao Mose endlich, sein Volk aus Ägypten herauszuführen.
Unter großen Schwierigkeiten ziehen die Israeliten und Israelitinnen von Ägypten weg und sind frei. Es wird erzählt, wie sie lange durch die Wüste ziehen, bis sie nach 40 Jahren in das von Gott versprochene Land, nach Palästina, kommen.

Den Auszug aus Ägypten nennt man auch Exodus, denn das Wort Exodus bedeutet Auszug.

Diese Befreiung wird zum wichtigsten Ereignis für das Volk Israel und für den jüdischen Glauben. Jedes Jahr feiert das Volk die Erinnerung an die wunderbare Befreiung durch Gott, auch heute noch. Es wird im Frühling, in jenem Monat gefeiert, der bei den Jüdinnen und Juden Nisan heißt. Dieses Fest wird Pascha genannt.

Schau auch unter Paschafest nach.

B

Barabbas

Barabbas ist nach den Erzählungen der Evangelisten der Anführer einer Gruppe von Menschen, die sich gegen die herrschenden Römer auflehnen. Sie wollen die Römer mit Gewalt aus Palästina vertreiben und kämpfen gegen sie.
Barabbas tötet dabei einen Menschen. Daher wird er zum Tod verurteilt und kommt ins Gefängnis. Pontius Pilatus, der römische Statthalter, schlägt dem Volk zum Paschafest jedes Jahr einen Gefangenen vor, für den sie die Freiheit erbitten dürfen. Als Pontius Pilatus anbietet, diesmal entweder Jesus oder Barabbas freizulassen, entscheidet die Volksmenge, dass Barabbas frei kommen soll.

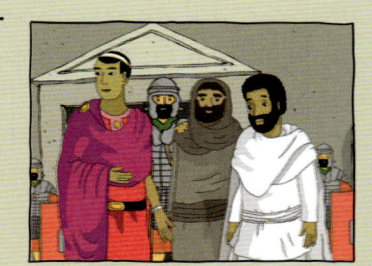

Bartholomäus

Bartholomäus ist ein Jünger und Freund von Jesus. Von ihm erfahren wir nicht viel. Er wird bei den Evangelisten Markus, Matthäus und Lukas immer zusammen mit den anderen Jüngern erwähnt.

Nachzulesen in Markus 3,13-19; Matthäus 10,1-4; Lukas 6,12-16.

Beim Evangelisten Johannes gibt es einen Jünger, der Natanael heißt. Möglicherweise ist das in beiden Fällen der selbe Mann, der mit verschiedenen Namen genannt wird.

Bartimäus

Der Evangelist Markus berichtet von einem blinden Bettler, der am Stadttor von Jericho sitzt. Sein Name ist Bartimäus. Übersetzt heißt das: Sohn des Timäus. Als Bartimäus hört, dass Jesus vorbeikommt, ruft er ihn laut und bittet ihn um seine Hilfe. Er will wieder sehen können. Bartimäus glaubt fest daran, dass Jesus ihm helfen wird, und er wird von Jesus geheilt. Nach seiner Heilung folgt Bartimäus Jesus nach und geht mit ihm auf seinem Weg nach Jerusalem mit.

Nachzulesen in Markus 10,46-52.

Schau auch unter Synoptischer Vergleich nach.

Begräbnis

Wenn zu der Zeit von Jesus in Palästina jemand stirbt, wird er gleich nach seinem Tod, spätestens aber am nächsten Tag, beerdigt. Freundinnen und Freunde sowie Verwandte kümmern sich um das Begräbnis. Sie salben den toten Körper ein, wickeln ihn in Leinen, und tragen ihn auf einer Bahre zur Grabstätte.

Männer sagen Lobsprüche über den Verstorbenen auf. So genannte Klageweiber, die für ihr Weinen bezahlt werden, halten die Totenklage.

Friedhöfe gibt es zu der Zeit von Jesus in Palästina nicht. Da aber inmitten einer Stadt niemand beerdigt werden darf, muss das Grab außerhalb der Stadtmauern oder Stadtgrenzen errichtet werden.

Die Gräber findet man daher in Gärten und Feldern, die zum Grundstück einer Familie gehören, meistens in einer Höhle oder in einer Felsnische. Dort bleiben die Leichen zuerst für ungefähr ein Jahr liegen. Danach sammelt man die Knochen ein und vergräbt sie im Garten oder auf dem Feld. Diese letzten Ruhestätten sind weiß angemalt, damit alle wissen, wo die Knochen liegen.

Begräbnis von Jesus Christus

Zu der Zeit von Jesus beerdigt man Verbrecher nicht in Familiengräbern, sondern meistens in Massengräbern. Nach den Berichten der Evangelisten übergibt Pontius Pilatus

den toten Körper von Jesus dem Josef von Arimathäa. Josef legt Jesus in sein Familiengrab.
Das ist ganz unüblich, weil Jesus wie ein Verbrecher getötet wurde. Josef beerdigt ihn aber nicht wie einen Verbrecher, sondern in Würde.

Beleidigung Gottes

Nach der Meinung der Priester und Schriftgelehrten beleidigt Jesus Gott durch sein Reden und Handeln auf vielfache Weise:

Jesus vergibt den Menschen ihre Schuld. Das darf nach Auffassung der Priester und Schriftgelehrten nur Gott selbst tun.

Jesus heilt am Sabbat einen Menschen. Nach dem Denken der Priester und Schriftgelehrten, die sich streng an das jüdische Gesetz halten, darf so etwas am Sabbat nicht geschehen. Jesus aber ist der Meinung, dass der Sabbat für den Menschen da ist und nicht für das Gesetz. Einen Menschen am Sabbat gesund zu machen, ist wichtiger, damit er wieder glücklich leben kann.

Am allerschlimmsten ist für sie aber die Behauptung von Jesus, er könne den Tempel in Jerusalem zerstören und in drei Tagen wieder aufbauen. Für die Priester ist der Tempel wichtig und auch heilig. Dort wohnt Gott selbst. Über den Tempel so zu reden, wie Jesus das tut, gilt für sie als eine große Beleidigung Gott gegenüber.

B

Berufung

Jesus beruft seine **Jüngerinnen und Jünger**. Er ruft sie aus ihrem bisherigen Leben heraus. Sie sollen mit ihren alltäglichen Beschäftigungen aufhören, mit Jesus gehen und von ihm lernen. Die **Fischer** sollen nicht mehr Fische fangen, sondern Menschen. Sie werden dazu berufen, die frohe Botschaft von Jesus in die ganze Welt hinauszutragen.

Beschneidung

Acht Tage nach der Geburt eines jüdischen Jungen wird ein großes Fest gefeiert. Das Kind bekommt seinen **Namen** und wird beschnitten, das bedeutet, ein Stück seiner Vorhaut wird entfernt. Diese Beschneidung ist das Zeichen für den Bund, den Gott mit Abraham, dem Urvater des Volkes **Israel**, und mit seinen Nachkommen geschlossen hat.

Betanien

Der Ort Betanien befindet sich etwa drei Kilometer östlich der Hauptstadt Jerusalem. Er liegt auf einem Abhang des Ölbergs. Nach den Berichten der Evangelisten kommen Jesus und seine Freunde und Freundinnen auf ihrem Weg nach Jerusalem an Betanien vorbei und übernachten dort auch.

nicht weit vom Ort Betanien entfernt. Der Name Betfage bedeutet so viel wie „Haus der Feigen". Nach den Berichten der Evangelisten kommen Jesus, seine Freundinnen und Freunde auf ihrem Weg nach Jerusalem auch an Betfage vorbei.

Betfage

Der Ort Betfage liegt in der Nähe von Jerusalem, auf einem Abhang des Ölbergs,

Betlehem

Nach der Erzählung der Evangelisten Matthäus und Lukas ist Jesus in dieser kleinen Stadt geboren. Betlehem wird auch die Stadt Davids genannt. Es ist die Stadt,

B in der König David geboren wurde. Der Evangelist Lukas erzählt, dass Josefs Familie ebenfalls aus Betlehem stammt.
Schon im Alten Testament wird auf die Bedeutung Betlehems hingewiesen. Der Evangelist Matthäus schreibt, dass die Schriftgelehrten, die König Herodes zu sich ruft, beim Propheten Micha im Alten Testament folgenden Satz über Betlehem finden:

„Aus dir, Betlehem, wird der Herrscher kommen, der mein Volk führen wird."

Nachzulesen in Matthäus 2,1-12 und Micha 5,1.3.

Bettler

Zu der Zeit von Jesus gibt es viele Bettler. Sie sitzen an den Stadttoren oder am Eingang des Tempels. Eben dort, wo viele Leute vorbeigehen müssen. Menschen, die krank sind, Lahme, Blinde und andere, die nicht selbst arbeiten können, müssen für ihren Lebensunterhalt betteln.
Die Leute, die an diesen Bettlern vorbeigehen, geben ihnen von ihrem Kleingeld. Das nennt man „Almosen geben". Dazu sind die Menschen jüdischen Glaubens verpflichtet. Sie sollen für die Armen sorgen, die nicht arbeiten können, und deshalb kein Geld verdienen können.

Betsaida

Ein Ort am Nordostufer des Sees Gennesaret. Er liegt in der Nähe einer bedeutenden

Handelsstraße, der Via Maris, der Meer-Straße. Drei Jünger von Jesus stammen aus diesem Ort: Simon Petrus, sein Bruder Andreas und Philippus. Der Evangelist Markus erzählt, dass Jesus in Betsaida einen Blinden heilt.

Nachzulesen in Markus 8,22-26.

Bibel

Das Wort Bibel stammt aus der griechischen Sprache und bedeutet Buch.
Biblos ist zu der Zeit von Jesus eine griechische Hafenstadt, in der Papyrus gehandelt wird. Papyrus ist eine Pflanze, aus deren Halmen eine Art Papier gemacht wird. Das Wort Biblos wird seither als Bezeichnung für Schreibmaterial und Bücher verwendet.
Die Bibel besteht aus einer Sammlung von 73 bzw. 66 Büchern. 46 Bücher, nach protestantischer Tradition 39 Bücher, gehören zum Alten Testament, 27 Bücher zum Neuen Testament.
Im Alten Testament finden wir die Geschichte Israels, viele Gesetzessammlungen, Lieder, Gedichte, Prophetenworte und -erzählungen.
In der katholischen und orthodoxen Tradition gehören auch noch die so genannten späten Schriften des Alten Testaments dazu.

Schau auch unter Altes Testament nach.

Das Neue Testament beginnt mit den vier Evangelien. Sie erzählen von Jesus, der aus dem Volk Israel kommt. Darauf folgen die Geschichte der ersten Christinnen und Christen und viele Briefe, die an die ersten christlichen Gemeinden geschrieben worden sind. Das letzte Buch des Neuen Testaments ist die Offenbarung des Johannes.

Brunnen

Menschen brauchen Wasser um zu leben. In manchen Ländern ist es eine schwere Arbeit, zu Wasser zu kommen. Man muss ein tiefes Loch graben, bis man auf das Grundwasser stößt. Das Loch füllt sich dann mit Wasser, und man kann mit einem Gefäß und einem Seil Wasser aus dem Brunnen schöpfen. Auch in der Zeit von Jesus schöpfen die Menschen Wasser aus Brunnen und tragen es dann in ihre Häuser. Das gehört damals zur Arbeit der Frauen. Oft sind die Brunnen weit von den Häusern entfernt. Manchmal befinden sich Brunnen sogar außerhalb der Dörfer und Städte.

Buße

Johannes der Täufer ruft den Menschen zu: *„Tut Buße!"* Ein Wort, das wir heute nur mehr selten so verwenden. Buße tun oder büßen bedeutet für einen Menschen, dass ihm etwas, das er getan hat, sehr leid tut, und er es wieder gut machen möchte.
Wenn der Mensch sein Verhalten ändert, zeigt er, dass es ihm leid tut. Für „Buße tun" wird in der Bibel auch das Wort Umkehr verwendet. Umkehren bedeutet, in eine andere, neue Richtung gehen, das heißt, das Verhalten zu verändern.
Johannes der Täufer gibt genaue Anweisung, wie die Menschen ihr Verhalten ändern können: mit den Menschen teilen, die nichts zum Anziehen oder zum Essen haben.

Christinnen und Christen

Schau unter Glaube der Christinnen und Christen nach.

Christus

Christus ist das griechische Wort für: Messias, der Gesalbte, der von Gott kommt. Für die ersten Christinnen und Christen ist Jesus der von Gott versprochene Messias, deswegen sprechen sie in ihren Bekenntnissen von Jesus Christus.

Die Drei Weisen

Schau unter Sterndeuter nach.

Einsiedler

Menschen, die ganz allein für sich an einem abgeschiedenen Ort leben, nennt man Einsiedler. Das griechische Wort dafür ist Eremit. Johannes der Täufer lebt allein in der Wüste. Dort gibt es keine Ablenkung. Stille und Ruhe helfen, sich besser auf Gott konzentrieren und auf ihn hören zu können. Johannes zieht sich ganz einfach an. Er trägt ein Gewand aus Kamelhaaren und einen Gürtel und ernährt sich von den Nahrungsmitteln, die er in der Wüste findet: Honig von wilden Bienen und Heuschrecken.

Später gibt es Christinnen und Christen, die in der Einsamkeit leben, um dort Gott näher zu sein und zu beten. Manchmal versorgen Menschen sie mit Nahrung. Sie bitten die Eremiten auch, für sie zu beten. Noch heute gibt es Menschen verschiedener Religionen, Männer wie Frauen, die sich aus Glaubensgründen dafür entscheiden als Eremiten zu leben.

E

Elisabet

Der Evangelist Lukas erzählt von Elisabet. Sie ist schon eine alte Frau, die keine Kinder mehr bekommen kann. Das ist sehr schlimm, denn ohne Kinder hat ihre Familie keine Zukunft mehr.

Der Evangelist Lukas erzählt aber auch von den besonderen Umständen ihrer Schwangerschaft und der Geburt. Sie ist die Mutter von Johannes dem Täufer.

Elisabet stammt vom Stamm Aaron, dem Bruder des Mose, ab. Damit gehört sie zur Familie, aus der die Priester kommen. Elisabet ist mit Zacharias verheiratet. Sie ist eine Verwandte von Maria, der Mutter von Jesus. Wie die beiden miteinander verwandt sind, erfahren wir nicht.

Engel

Das griechische Wort für Engel klingt ganz ähnlich und heißt Angelos. In unserer Sprache heißt es: ein Gesandter; einer, der von jemand anderem geschickt wird, um eine Botschaft zu überbringen; ein Bote.

Mit Engeln sind Boten Gottes gemeint, die den Menschen wichtige Botschaften überbringen.
Sie sagen uns: Gott ist nahe.
Gottes helfende Nähe und Gottes Schutz wird für viele Menschen durch Engel erfahrbar. Manche Engel tragen in der Bibel Namen (Gabriel, Michael, Rafael).

Weil sich die Menschen vorstellen, dass Gott im Himmel wohnt, und die Engel von

Gott geschickt werden, denken sie, dass Engel Flügel haben. Wie sollten sie sonst vom Himmel auf die Erde kommen? Gott wohnt aber nicht nur im Himmel. Er ist auch bei uns hier auf der Erde. Manchmal sind auch Menschen füreinander wie Engel, die einander eine gute Botschaft bringen.

Erlöser

Ein Erlöser ist eine Person, die für jemand anderen die Schulden bezahlt, so dass dieser wieder frei sein kann.

Wenn die Evangelisten von Jesus als dem Erlöser erzählen, dann wollen sie allen Menschen damit sagen, dass sie bei Gott keine Schulden mehr haben. Die Menschen sind frei. Sie sind Gott nichts mehr schuldig. Sie brauchen nichts wieder gutzumachen. Sie können Gott einfach lieben, das genügt.

Esel

Der Esel ist zu der Zeit von Jesus das übliche Transporttier. Er trägt schwere Lasten und oft auch Menschen. In der Erzählung der Geburt von Jesus wird er nicht ausdrücklich genannt. Vielleicht benützten Maria und Josef auf ihrer Reise von Nazaret nach Betlehem und später auf ihrer Flucht nach Ägypten einen Esel.

Schau auch bei Ochse nach.

Esel – beim Einzug in Jerusalem

Bedeutsame Personen, Könige, Beamte des Königs und andere, reiten niemals auf einem Esel. Sie benützen Pferde, weil Pferde als vornehme Tiere gelten. Lieber noch reisen sie in einem Wagen, der von vielen Pferden

E gezogen wird. Wer viele Pferde hat, muss nämlich sehr reich sein. Nach den Berichten der Evangelisten kommt Jesus beim Einzug in die Stadt Jerusalem auf einem Esel geritten und wird wie ein König gefeiert.

Daran wird deutlich, dass Jesus ein ganz besonderer König ist: Jesus hat es nicht nötig, mit prunkvollem Wagen oder auf einem wertvollen Pferd zu kommen. Er ist nicht stolz, er ist demütig. Er ist ein König, der sich für diejenigen interessiert, die die meisten Menschen für klein und gering halten. Er interessiert sich auch für Menschen, die viel mit Eseln arbeiten oder die Lasten selbst tragen müssen, weil sie sich nicht einmal einen Esel leisten können.

Er ist ein König des Friedens und der Herzen der Menschen. Ein König, der keine Gewalt und keine Herrschaft über die Menschen ausüben will.

Beim Propheten im biblischen Buch Sacharja 9,9 im Alten Testament steht über diesen König geschrieben:

„Juble laut, Tochter Zion! Jauchze, Tochter Jerusalem! Siehe, dein König kommt zu dir. Er ist gerecht und hilft; er ist demütig und reitet auf einem Esel, auf einem Fohlen, dem Jungen einer Eselin."

Eselsfohlen

Die Evangelisten Markus, Matthäus und Lukas berichten, dass Jesus auf einem Eselsfohlen in Jerusalem einzieht, und wie ein König empfangen wird. Der Evangelist Markus betont, dass der Esel so jung ist, dass noch keiner auf ihm geritten ist. Das streicht noch einmal die Bedeutung von Jesus heraus, weil er dieses Tier als Allererster reiten darf.

Nachzulesen in Markus 11,1-10; Matthäus 21,1-9; Lukas 19,28-40.

Eucharistie

Das Wort Eucharistie stammt aus der griechischen Sprache und bedeutet Danksagung. Es gibt Christinnen und Christen, die unter dem Wort Eucharistie die gemeinsame Feier des Abendmahls verstehen. Alle Christinnen und Christen feiern dabei dankbar, dass Gott neues Leben schenkt.

Schau auch unter Kommunion und Abendmahl nach.

Evangelium

Das Wort Evangelium heißt übersetzt: eine frohe, wohltuende Botschaft. Im Wort Ev-angel-ium steckt das Wort angel-os, das heißt Bote.

Evangelisten

Von Jesus Christus berichten uns vier verschiedene Erzähler: Markus, Matthäus, Lukas und Johannes.
Weil sie die frohe Botschaft, das ist das Evangelium von Jesus Christus, für uns

E F

aufgeschrieben haben, nennt man sie auch Evangelisten.
Jedem der vier Evangelisten ist ein Symbol zugeordnet: der Löwe steht für Markus, der Engel für Matthäus, der Stier für den Evangelisten Lukas, und der Adler für Johannes.

Exodus
Schau unter Auszug aus Ägypten nach.

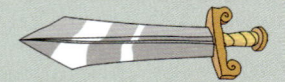

Feinde
Die Römer sind zu der Zeit von Jesus die Feinde des jüdischen Volkes. Sie haben das Land besetzt, in dem die Jüdinnen und Juden leben. Das jüdische Volk wird unterdrückt. Die Juden müssen hohe Steuern zahlen und die Gesetze der Römer befolgen. Viele Menschen warten auf einen neuen König, der das Volk befreien wird.

Fischer
Einige der Jünger von Jesus sind Fischer: Andreas, Simon Petrus, Jakobus und Johannes.

Sie fahren in der Nacht auf den See Gennesaret hinaus, um Fische zu fangen. Am Morgen sitzen sie dann am Seeufer, wo sie die Netze reinigen und ausbessern. Fischer gehören in der Zeit von Jesus zu den armen, weniger wohlhabenden und einfachen Leuten. Diese einfachen Menschen macht Jesus zu seinen Jüngern und Freunden.

Frauen

Zu der Zeit von Jesus haben Frauen andere Rechte und Pflichten als heute. Vielfach haben sie überhaupt keine Rechte, sind den Männern untergeordnet und ihnen rechtlos ausgeliefert. In der jüdischen Glaubensgemeinschaft haben sie keinen Zugang zum Gottesdienst und zu den Heiligen Schriften. Jesus macht keinen Unterschied zwischen Frauen und Männern. Er sieht sie als gleichwertig an.

Frauen um Jesus

Der Evangelist Lukas berichtet von den Frauen, die Jesus als Jüngerinnen nachfolgen: Maria von Magdala, Johanna und Susanna und viele andere. Diese Frauen sind zum Teil wohlhabend und versorgen Jesus und die Menschen, die ihm nachfolgen, mit ihrem Geld.
Johanna ist mit Chuzas, einem Beamten von König Herodes, verheiratet.

Nachzulesen in Markus 16,9; Lukas 8,1-3; 23,49; 24,10.

F

F

Freundinnen und Freunde von Jesus

Jesus nennt die Frauen und Männer, die ihm nachfolgen, seine Freunde. Das Wort Jünger beschreibt die Freunde von Jesus in ihrer besonderen Beziehung, die sie zu Jesus haben: Sie leben mit ihm, lernen von ihm und sie bemühen sich, das, was sie von Jesus hören, in ihrem Leben umzusetzen. Aber trotzdem ist Jesus für sie viel mehr als nur ein Lehrer: Er ist ihr Freund.

Schau auch unter Jüngerinnen und Jünger und Jüngerinnen und Jünger von Jesus nach.

Fußwaschung

Zu der Zeit von Jesus sind die Menschen viel auf staubigen Straßen zu Fuß unterwegs. Sie tragen offene Sandalen. Natürlich werden die Füße dabei recht schmutzig.

Wenn man als Gast in ein Haus eingeladen ist, dann sitzt man – oder liegt man sogar - beim Essen auf dem Boden. Daher ist es üblich, dass die Sklaven des Hauses den Gästen vor dem Essen die Füße waschen. Den anderen Menschen die Füße zu waschen ist keine angesehene Arbeit.

Als Jesus seinen Freunden die Füße wäscht, sagt er ihnen damit, dass er ihnen gerne dient, und dass sie sich von ihm bedienen lassen dürfen.

Jesus will seinen Freundinnen und Freunden damit ein Vorbild geben: Sie sollen nicht versuchen, über einander zu herrschen, sondern sollen einander dienen.

Futtertrog

Als Jesus geboren wird, sind die Futtertröge für Tiere aus Stein. Da Maria und Josef, nach der Erzählung des Evangelisten Lukas, in der Herberge keinen Platz finden, wird Jesus in einem Stall geboren. Maria legt ihn in einen solchen Futtertrog. Erst seit Franz von Assisi, der im Mittelalter gelebt hat, sehen wir Holzkästen mit vier Beinen, die wir Futterkrippe nennen, auf den Bildern von der Geburt von Jesus.

Gabriel

So nennt der Evangelist Lukas den Boten, der zu Zacharias und zu Maria kommt. Gabriel erscheint zuerst im Tempel und kündigt Zacharias die Schwangerschaft von Elisabet an. Er spricht dort von der Geburt des Johannes.

Johannes wird ein wichtiger Mann für Gott werden. Viele Menschen werden durch seine Predigt wieder zu Gott finden. Da er viele Menschen im Jordan-Fluss tauft, wird er Johannes der Täufer genannt.

Gabriel besucht auch Maria. Er sagt ihr, dass sie bald ein Kind zur Welt bringen wird. Dieses Kind wird der Retter sein: Jesus.

Gabriel spricht bei diesen Gelegenheiten davon, dass zwei besondere Kinder geboren werden: Johannes der Täufer und Jesus.

Gott selbst wird sich durch Johannes den Täufer und Jesus um sein Volk kümmern. Er wird durch beide rettend und helfend eingreifen. Alles wird sich verändern.

„Gott rettet sein Volk" – das ist die Botschaft des Gabriel.

G

Galiläa

Galiläa liegt im nördlichen Teil von Palästina, oberhalb von Samaria. In Galiläa befinden sich der See Gennesaret und die Städte Betsaida, Kafarnaum, Kana und Nazaret. Wie die Evangelisten berichten, beginnt Jesus an diesen Orten mit seinem öffentlichen Wirken.

Gebet

Im Tempel in Jerusalem beten Juden zu Gott. Dort fühlen sie sich Gott besonders nahe und verbunden. Sie glauben, Gott wohnt in diesem Tempel.

Propheten erklären in der Geschichte Israels aber immer wieder, dass Gott überall ist. Deshalb können die Menschen immer und überall zu Gott beten und darauf vertrauen, dass Gott da ist und sie hört. Auch Jesus lädt die Menschen ein, auf das Gebet zu vertrauen.

Geldwechsler

Spenden für den Tempel in Jerusalem dürfen nicht mit dem Alltagsgeld gezahlt werden.

Als Opfergeld werden im Tempel nur besondere alte hebräische Münzen genommen, die im Alltagsleben nicht mehr verwendet werden.

Deswegen müssen die Tempelbesucher ihr Geld bei den Geldwechslern im Vorhof des Tempels wechseln. Die Geldwechsler verdienen dabei kräftig.

Getsemani

Getsemani ist ein Landgut am Fuß des Ölbergs, der im Osten der Stadt Jerusalem liegt. Dort wachsen viele Olivenbäume. Aus ihren Früchten wird Olivenöl gewonnen. Getsemani ist ein alter hebräischer Name und bedeutet so viel wie Ölpresse.

Jesus geht mit seinen Jüngern in der Nacht, bevor er gefangen genommen wird, nach Getsemani, um zu beten.

Glaube der Christinnen und Christen

Die Evangelisten erzählen, dass Frauen und Männer zum Glauben an Jesus kommen. Damit meinen sie, dass Menschen Jesus kennen lernen und anfangen, daran zu glauben, dass er Gottes Sohn ist. Sie glauben, dass Gott ihn den Menschen als ihren Retter und Erlöser gesandt hat. Menschen, die heute an Jesus Christus glauben, werden Christinnen und Christen genannt.

vom Schafe Hüten, vom Arbeiten und Feiern, vom Suchen und Finden von Verlorenem. Dabei benutzt er diese Geschichten als Bilder, mit denen er etwas vergleicht. Zum Beispiel steht dann das Bild von einem Schaf, das sich verirrt hat, für einen Menschen, der den Kontakt zu Gott und zu den Mitmenschen verloren hat.
Geschichten, in denen etwas auf diese Art und Weise verglichen wird, nennt man Gleichnisse.

Gleichnis

Jesus erzählt den Menschen, die ihm zuhören, besonders wenn er über das Reich Gottes spricht, immer wieder verschiedene Geschichten aus ihrem alltäglichen Leben.

Er redet vom Säen und Ernten, vom Fischen,

Golgota

Den Hügel, auf dem Jesus gekreuzigt wird, nennt man Golgota. Dieser Name heißt übersetzt Schädel. Der kleine Hügel hat wahrscheinlich die Form, die einem Kopf ähnelt, daher nennt man ihn zu der Zeit von Jesus auch Schädelstätte oder Schädelhöhe. Er liegt außerhalb der Stadtmauern von Jerusalem. Auf diesem Hügel werden zu jener Zeit die Verbrecher öffentlich hingerichtet.

Gottes Geist oder Heiliger Geist

Der Evangelist Johannes erzählt, dass Johannes der Täufer bei der Taufe von Jesus Gottes Geist in Gestalt einer Taube auf Jesus kommen sieht. So wird die besondere Verbindung deutlich, die Jesus zu Gott hat. Statt Gottes Geist können wir auch Gottes Kraft oder Gottes Lebenshauch und Liebesatem sagen. Jesus bekommt also Gottes Kraft und Liebe, um seinen besonderen Weg gehen und seinen Auftrag erfüllen zu können. Diese Kraft und Liebe Gottes, den Heiligen Geist, bekommen alle Menschen, die an Gott glauben.

Der Heilige Geist hilft den Menschen, Gott besser zu verstehen und so zu leben, wie es sich Gott für die Menschen wünscht. Der Heilige Geist ist Gottes Kraft und Liebe, die auch heute überall in unserer Welt wirkt und alles zum Guten verändern will.

Trotz aller Nöte und Schwierigkeiten dürfen wir darauf vertrauen, dass Gottes guter Geist unsere Welt bewegt: Gottes Kraft der Liebe und des Friedens will unser Leben bestimmen. Besonders zu Pfingsten feiern wir sein Kommen und Wirken.

Auf Bildern wird der Geist Gottes meist als Taube oder als Feuerflammen dargestellt.

Gottes Sohn

Schau unter Sohn Gottes nach.

Grab

Ein Grab muss zu der Zeit von Jesus außerhalb der Stadtmauern oder Stadtgrenzen liegen. Die Gräber findet man in Gärten und Feldern, die zum Grundstück einer Familie gehören. Die Familie richtet ihr Grab meistens in einer Höhle oder in einer Felsnische auf ihrem Grundstück ein.

Schau auch unter Begräbnis nach.

Grab des Josef von Arimathäa

Josef von Arimathäa besitzt außerhalb von Jerusalem ein Grundstück mit einer neuen Grabstelle. Dorthin bringt er den Leichnam, das heißt den toten Körper von Jesus. So wird Jesus in einem richtigen Grab bestattet. Diese Würde steht Verbrechern nicht zu. Sie werden normalerweise in Massengräber gelegt. Josef von Arimathäa verhindert aber, dass der Körper von Jesus in einem Massengrab begraben wird, indem er ihn in seinem Familiengrab bestattet.

Schau auch unter Begräbnis von Jesus Christus nach.

Händler im Tempel

Im Tempel bringen die Priester Gott für das jüdische Volk verschiedene Opfer dar. Sie danken Gott damit oder bekennen auf diese Weise ihre Schuld und bitten um Vergebung.

Für diese Opfer brauchen sie gesunde Tiere: zum Beispiel Tauben oder Lämmer. Arme Leute opfern Tauben, reiche Leute Lämmer. Diese Opfertiere können sie aber wegen der langen Reise zum Tempel nicht von zu Hause mitbringen. Die Händler verkaufen deswegen den Menschen diese Opfertiere direkt im Tempel. Dabei handeln und streiten sie oft laut um den Preis des Tieres. Die Händler rufen auch laut, um auf sich aufmerksam zu machen.

Jesus gefällt es nicht, dass im Tempel so laut und geschäftig gehandelt wird. Er will, dass die Menschen im Tempel in Ruhe beten können, denn dort fühlen sie sich Gott besonders nahe.

Halleluja

Am Ende des Paschamahles singen Jesus und seine Freunde das Halleluja. Der Ausdruck Halleluja heißt übersetzt: „Gelobt sei Gott!" und kommt in vielen Psalmen vor.

H

Psalmen sind Lieder. Im Buch der Psalmen im Alten Testament sind 150 Psalmen. Zum Paschafest singen sie die Psalmen 113-118, und zwar vor dem Essen die Psalmen 113 und 114, und am Ende des Essens, nachdem sie den dritten Becher Wein getrunken haben, die Psalmen 115-118.

Schau auch unter Abendmahl nach.

Hannas

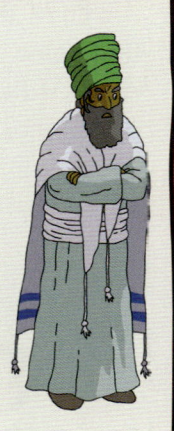

Zu der Zeit von Jesus ist Hannas einer der Hohenpriester. Die Römer setzen immer wieder neue Hohepriester ein. Wer einmal Hohepriester geworden ist, wird vom Volk immer so genannt, auch wenn er von den Römern wieder abgesetzt wird oder dieses Amt nicht mehr innehat. Als Jesus gefangen genommen und befragt wird, ist Kajaphas der amtierende Hohepriester. Kajaphas ist der Schwiegersohn von Hannas. Als Jesus verurteilt wird, führt Hannas die Vorverhandlungen. Kajaphas führt danach die Hauptverhandlung weiter. Beide können miteinander entscheiden, was mit Jesus geschehen soll.

Heiliger Geist

Schau unter Gottes Geist oder Heiliger Geist nach.

Heilung

Viele Menschen kommen zu Jesus, weil sie von Krankheiten geheilt werden wollen. Mit Jesus ist das Reich Gottes ganz nahe. Wo Gott so nahe ist, da werden Menschen heil.

Wenn ein Mensch heil wird, wird gut, was ihm vorher schadet.

Jesus macht vor allem die Beziehung zwischen Gott und seinen Menschen heil. Menschen können wieder verstehen, dass Gott sie so annimmt und liebt, wie sie sind. Sie können Gott wieder vertrauen und ihn lieben. Wenn das geschieht, wird ein Mensch heil. Das muss nicht unbedingt bedeuten, dass der Mensch auch körperlich gesund wird. Es gibt viele Menschen, die Gott lieben, und trotz vieler Gebete krank sind und leiden müssen. Das Leiden der Menschen bleibt ein Geheimnis, das wir oft nicht verstehen können. Viele Fragen bleiben unbeantwortet. Heil ist ein Mensch, wenn er trotz allem das Vertrauen in Gott nicht verliert. Dann kann er die Krankheit oder das Leid leichter ertragen.

Herodes

Als Jesus auf die Welt kommt, ist Herodes König. Sein Vater Antipater wurde vom römischen Kaiser Julius Cäsar zum Herrscher über Judäa ernannt. Antipater gibt Herodes die Herrschaft über Galiläa. Später wird Herodes von den Römern zum „König der Juden" ernannt. Er erneuert und vergrößert den Tempel in Jerusalem, um das jüdische Volk für sich zu gewinnen. Denn Herodes ist mit den Römern, den Feinden der Juden und Jüdinnen, verbündet. Von ihm wird berichtet, dass er ständig Angst um sein Königtum hat. Menschen, die seiner Herrschaft gefährlich werden, darunter sogar einige seiner eigenen Söhne, lässt er nicht am Leben.

Hohepriester

Zum Versöhnungsfest, Jom Kippur, geht der Hohepriester in das Allerheiligste des Tempels in Jerusalem. Dies ist für die Jüdinnen und Juden ein ganz besonderer Tag des Jahres. Der Priester bringt ein Opfer für seine eigenen Sünden und für die Sünden des Volkes dar. Alle feiern, dass Gott sie von ihren Sünden befreit und sich mit seinem Volk wieder versöhnt.
Der Hohepriester trägt einen besonderen Brustschmuck. Dort sind zwölf Edelsteine angebracht, die die zwölf Stämme Israels darstellen.

Schau auch unter Kajaphas nach.

Hosanna

Das Wort Hosanna stammt aus der hebräischen Sprache und ist am besten mit: „Hilf uns doch!" übersetzt. Die Menschen, die nach einem langen Weg in den Tempel nach Jerusalem kommen, rufen: „Hosanna!" Sie bitten Gott damit um Hilfe, und die Priester antworten ihnen, indem sie die Menschen segnen.

Weil die Menschen ganz fest auf Gottes Hilfe vertrauen, ist für sie der Hilferuf längst ein Jubelruf geworden. Mit diesem Jubelruf begrüßt die Volksmenge Jesus bei seiner Ankunft in Jerusalem. Die Menschen hoffen ganz stark auf seine Hilfe. Sie glauben, dass er der Messias Gottes ist, der sie befreien und erlösen wird. Daher rufen sie ihm zu: „Hosanna, dem Sohn Davids!"

Immanuel

Der Evangelist Matthäus erinnert an einen Spruch des Propheten Jesaja:

„Eine junge Frau wird einen Sohn bekommen und sie wird ihn Immanuel nennen".

Nachzulesen in Jesaja 7,14.

Der Name Immanuel hat die Bedeutung: Mit uns ist Gott. Namen sind in der Bibel sehr wichtig. Für den Evangelisten Matthäus ist Jesus dieses Kind. Es ist dieser Immanuel, durch den Gott immer bei uns ist. Am Ende seines Evangeliums beschreibt Matthäus, wie Jesus sagt:

„Ich bin bei euch alle Tage."

Nachzulesen in Matthäus 28,20.

Israel – Land Israel

Das Land, in das Gott, nach den Erzählungen des Alten Testaments, das Volk Israel führt, nennt man auch Israel. Ursprünglich heißt es Kanaan. Zu der Zeit von Jesus ist es in drei Gebiete aufgeteilt: Judäa im Süden, Samaria in der Mitte und Galiläa im Norden. Heute wird dieses ganze Gebiet zu Palästina zusammengefasst. Durch Verschleppungen, Kriege und Vertreibungen leben Jüdinnen und Juden bis heute verstreut über die ganze Welt. In Palästina gibt es aber seit dem Jahr 1947 wieder einen Staat, der Israel heißt.

JUDÄA
JERICHO
JERUSALEM
BETLEHEM
TOTES MEER

I J

Israel – Volk Israel

Im Alten Testament wird erzählt, wie Jakob, einer der Stammväter des Volkes Israel, nach einem nächtlichen Kampf im Fluss Jabbok den Namen Israel bekommt. Der Name bedeutet sinngemäß: Einer, der mit Gott kämpft. Jakob hat zwölf Söhne, aus denen die großen Familien, die Stämme Israels, gewachsen sind. Nach einigen Generationen sind viele Menschen da. Ein ganzes Volk, das von Jakob abstammt und den Namen Israel trägt.

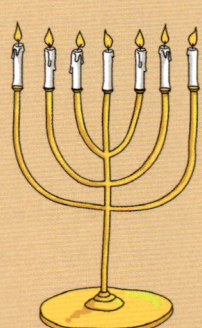

Später werden viele Menschen aus dem Volk Israel in ferne Länder verschleppt. Ab diesem Zeitpunkt spricht man nicht mehr von den Israeliten und Israelitinnen. Die Menschen, die von Jakob abstammen, werden nun Juden und Jüdinnen genannt.

Jairus (sprich: Ja-i-rus)

Nach den Erzählungen der Evangelisten Markus, Matthäus und Lukas ist Jairus Vorsteher der Synagoge in Kafarnaum. Als seine zwölfjährige Tochter schwer krank ist, kommt Jairus zu Jesus und bittet ihn um Hilfe für sie. Jesus kommt erst, als seine Tochter bereits tot ist, und weckt sie wieder auf. Er zeigt damit, dass Gott die Menschen vom Tod zum Leben führen will. Auch so bricht das Reich Gottes an.

Nachzulesen in Markus 5,21-43; Matthäus 9,18-26; Lukas 8,40-56.

Jakobus, der Sohn des Zebedäus

Jakobus ist ein Sohn des Zebedäus und ist ein Jünger und Freund von Jesus. Von Beruf ist er, wie sein Vater, Fischer. Jakobus wird gemeinsam mit seinem Bruder Johannes von Jesus gerufen, ihm zu folgen. Er verlässt seinen Vater und schließt sich Jesus an. Jesus gibt Jakobus und seinem Bruder Johannes auch den Namen Donnersöhne.

Nachzulesen in Markus 3,17.

Jakobus, der Sohn des Alphäus

Jakobus, der Sohn des Alphäus, ist ein Jünger und Freund von Jesus. Von ihm erfahren wir nicht viel. Er wird bei den Evangelisten Markus, Matthäus und Lukas immer gemeinsam mit den anderen Jüngern erwähnt.

Jericho

Jericho ist eine Palmenstadt in der Nähe des Jordanflusses in Judäa. Die Oase von Jericho liegt am Rand der Wüste, ungefähr 350 Meter unter dem Meeresspiegel. König Herodes hat hier einen großen Palast, in dem er im Winter wohnt, da es in dieser Gegend kaum regnet und nie sehr kalt ist. Die Stadt hat ein Amphitheater und

J

eine Pferdearena. Die Evangelisten Markus und Lukas berichten davon, dass Jesus in Jericho einen blinden Mann heilt. Der Evangelist Matthäus erzählt, dass Jesus hier sogar zwei Blinde heilt.

Schau auch unter Synoptischer Vergleich nach.

Jerusalem

Jerusalem ist die Hauptstadt von Judäa. Hier ist der große jüdische Tempel, den König Salomo erbauen ließ. Zu den wichtigen Festen – zum Paschafest, zu Schawuot, dem jüdischen Wochenfest und zu Sukkot, dem Laubhüttenfest –, gibt es große Wallfahrten zum Tempel in Jerusalem. Viele Menschen besuchen den Tempel, denn dieser ist für Jüdinnen und Juden das Haus und die Wohnung Gottes. In Jerusalem hat auch König Herodes seinen Palast. Wie der Evangelist Lukas berichtet, erzählt Jesus die Geschichte von einem Mann, der unter die Räuber fällt, und von einem Samariter liebevoll umsorgt wird. Dieser Mann ist von Jerusalem nach Jericho unterwegs.

Nachzulesen in Lukas 10,25-37.

In Jerusalem ist Jesus gestorben und auferstanden.

Jesus

Die Evangelisten berichten über das Leben von Jesus und über seine Beziehung zu Gott, seinem Vater.

Jesus ist ein ganz besonderer Mensch.

Er erzählt den Menschen von Gottes Reich.

Er heilt Menschen und tut wunderbare Dinge.

Er muss leiden und sterben, aber Gott erweckt ihn von den Toten.

Christinnen und Christen glauben, dass Jesus Gottes Sohn ist, und für alle Menschen ein Freund, Retter und Erlöser.

Jesus – Gott und Mensch

Jesus ist wie ein Mensch geboren. Er lebt und leidet wie ein Mensch. Er isst und schläft, er zieht durch die Gegend und hat Freunde, Frauen und Männer, um sich. Er ist so gut zu den Menschen bis zu seinem Tod am Kreuz, dass durch ihn die Liebe Gottes besonders leuchtet. Deshalb bekennen Christinnen und Christen von Anfang an, dass Jesus von Gott kommt.
Sie sagen auch: Jesus ist, bevor die Welt erschaffen wurde, schon bei Gott gewesen, und er ist jetzt bei Gott.
Ist Jesus nun ein Mensch oder ist er Gott?
Die Bibel erzählt uns, dass Jesus immer beides ist: Gott und Mensch. Durch Jesus hat Gott ein menschliches Gesicht bekommen.

J

Jesus – König

Schau unter König – Jesus nach.

Jesus – Name

Der Name Jesus bedeutet: Jahwe ist Hilfe. Jahwe ist in der hebräischen Sprache der Name für Gott. Jesus bedeutet also: Gott ist Hilfe, Gott rettet.

Der Evangelist Matthäus erzählt, wie der Bote Gottes im Traum zu Josef kommt und ihm ankündigt, dass Maria einen Sohn zur Welt bringen wird. Er sagt Josef, dass er das Kind Jesus nennen soll, weil Gott seinem Volk durch ihn helfen und es retten will.

Nachzulesen in Matthäus 1,18-25; 2,13-15.

Jesus segnet Kinder

Kinder sind zu der Zeit von Jesus nicht viel wert. Sie dürfen an der Welt der Erwachsenen nicht teilhaben. Sie sind einfach nicht wichtig. Erst wenn die Jungen ungefähr 13 Jahre alt sind, werden sie in die Welt der Erwachsenen aufgenommen und respektiert. Jesus sind Kinder immer wichtig und willkommen. Er zeigt sogar den Erwachsenen, was sie von den Kindern lernen können: nämlich ihm zu glauben und ihm zu vertrauen.

Nachzulesen in Markus 10,13-16; Matthäus 19,13-15; Lukas 18,15-17.

Johannes, der Evangelist

Nach Johannes ist das vierte Evangelium benannt. In diesem Evangelium wird keine Kindheitsgeschichte von Jesus erzählt.

Der Evangelist Johannes erzählt davon, dass „das Wort" – damit meint er Jesus - schon immer bei Gott war. In Jesus ist das Wort dann Mensch geworden.

Der Evangelist Johannes spricht auch davon, dass Johannes der Täufer auf die Bedeutung von Jesus hinweist: Jesus ist das Licht der Menschen. In Jesus kommt Gott selbst zu den Menschen.

Johannes, der Jünger

Johannes ist ein Sohn des Zebedäus und ist ein Freund und Jünger von Jesus.

Er ist Fischer und wird gemeinsam mit seinem Bruder Jakobus von Jesus gerufen, ihm zu folgen. Sie verlassen ihren Vater und schließen sich Jesus an. Jesus nennt Jakobus und Johannes auch die Donnersöhne.

Schau auch unter Jakobus, Sohn des Zebedäus, nach.

Johannes der Täufer

Von Johannes dem Täufer erzählen alle vier Evangelisten. Er ruft die Menschen zur Umkehr zu Gott auf. Als Zeichen für diese Umkehr lassen sich die Menschen von Johannes im Jordan-Fluss taufen. Auch Jesus lässt sich von

J

Johannes dort taufen. Johannes weist darauf hin, welche Bedeutung Jesus hat: Er wird den Menschen von Gott erzählen. Johannes ist in der christlichen Tradition der letzte Prophet.
Beim Evangelisten Lukas spricht Gabriel mit Zacharias, dem Vater von Johannes dem Täufer, darüber, wie wichtig Johannes einmal sein wird.

Nachzulesen in Lukas 1,8-21.

Schau auch unter Zacharias nach.

Jordan

Das Land Israel wird vom Fluss Jordan durchzogen. Er entspringt im Norden vom See Gennesaret, fließt dann durch ihn durch und mündet schließlich ins Tote Meer. Links und rechts des Flusses ist das Land sehr fruchtbar. In diesem Fluss tauft Johannes der Täufer Jesus.

Schau auch unter Gottes Geist oder Heiliger Geist nach.

Josef

Josef, der Mann von Maria, hat beim Evangelisten Matthäus eine ganz wichtige Rolle: Er muss für den Schutz des gefährdeten Kindes Jesus sorgen. In Träumen teilt ihm Gott durch seinen Boten mit, was er tun soll. Josef nimmt Maria zu sich, obwohl er

– nach der Botschaft des Engels – nicht der Vater von Jesus ist. Später flieht er mit der kleinen Familie nach Ägypten, um Jesus vor Herodes zu schützen.

Über Josef ist Jesus mit der Familie von König David verwandt. Deshalb erzählt der Evangelist Lukas auch davon, dass Josef mit seiner Familie nach Betlehem zur Volkszählung reist. Die Familie von König David kommt aus dieser Stadt.

Immer wieder haben die Propheten angekündigt, dass der Retter, der Messias, aus der Familie Davids stammen wird. Deshalb wird Jesus auch Sohn Davids genannt

Josef von Arimathäa

Josef von Arimathäa ist Mitglied des Hohen Rates, dem Sanhedrin. Er hofft, dass das Reich Gottes bald anbricht.

Er ist reich und besitzt ein Grundstück außerhalb von Jerusalem. Dorthin bringt er den Leichnam von Jesus und bestattet ihn in einem neuen Grab. So wird Jesus von Josef wie ein angesehenes Familienmitglied und nicht wie ein Verbrecher begraben.

Schau auch unter Begräbnis von Jesus Christus nach.

J

Judäa

Judäa ist der griechische Name für Juda, dem südlichen Teil von Israel.

Jerusalem ist die Hauptstadt von Judäa. Auch die Stadt Jericho liegt in diesem Teil des Landes.

Jesus wurde, nach den Erzählungen der Evangelisten, in Judäa im Jordan getauft.

Schau auch unter Johannes der Täufer und Taufe von Jesus Christus nach.

Judas Iskariot

Sein Name bedeutet wahrscheinlich: Judas, ein Mann aus Kariot. Die Evangelisten nennen Judas Iskariot in der Liste der Freunde und Jünger von Jesus am Schluss. Er verrät den Priestern, wo Jesus zu finden ist, um ihn gefangen nehmen zu können. Deshalb wird er auch Verräter genannt. Nach dem Tod von Jesus scheint er nicht mehr im Jüngerkreis auf.

Im Evangelium von Johannes wird Judas Iskariot auch als geldgierig beschrieben.

Schau auch unter Verrat an Jesus Christus nach.

Jüdinnen und Juden

Schau unter Israel - Volk Israel nach.

Jüngerinnen und Jünger

Jünger ist zu der Zeit von Jesus ein anderes Wort für Schülerinnen und Schüler eines Lehrers. Die Jünger haben ein ganz besonderes Verhältnis zu ihrem Lehrer. Sie lernen nicht nur von ihm, sondern versuchen auch, eng mit ihm zusammen zu leben und zu tun, was der Lehrer sagt. Sie befolgen seine Anweisungen. Der Lehrer ist ein Vorbild für seine Schülerinnen und Schüler. So kann man auch sagen: Sie folgen ihm nach. Sie folgen seinem Beispiel und leben so, wie es sich der Lehrer von ihnen wünscht. Solche besonderen Lehrer nennt man auf Hebräisch: Rabbi.

Auch Jesus wird von den Frauen und Männern, die ihm nachfolgen, Rabbi genannt.

Jüngerinnen und Jünger von Jesus

Die Evangelisten berichten ganz unterschiedlich davon, wie Jesus seine Nachfolgerinnen und Freunde kennen lernt. Alle erzählen von einem engeren Kreis von zwölf Jüngern, die fast immer bei Jesus sind und ungefähr drei Jahre bis zu seinem Tod mit ihm leben. Wer die Geschichten aufmerksam liest, entdeckt bald: Es sind viel mehr Menschen, die immer bei Jesus sind. Da sind die vielen Frauen, die Jesus und die Menschen, die ihm nachfolgen, mit ihrem Geld unterstützen. Da gibt es noch mehr Freunde, wie z.B. die Geschwister Lazarus, Maria und Marta. Da sind die Frauen, die Jesus in den letzten Stunden begleiten und am Grab nach ihm sehen.

Schau auch unter Frauen um Jesus nach.

J

Viele Menschen folgen Jesus und hören ihm zu. Wenn die Evangelisten hier zwölf seiner Jünger besonders herausstellen, erinnern sie auch an die zwölf Stämme Israels. Gottes geliebtes Volk ist in zwölf Familien, Stämme, eingeteilt. Jesus beruft zwölf Jünger und nennt sie auch Apostel. Sie sind der Anfang von etwas Neuem und gleichzeitig die Verbindung zu dem von Gott immer geliebten Volk Israel.

Unter den zwölf Jüngern von Jesus gibt es ganz verschiedene Personen: Simon Petrus und Andreas, Jakobus und Johannes, vielleicht sogar Philippus, sind Fischer, also eher sehr praktische Menschen. Matthäus war Zöllner und deshalb bei den Juden nicht so gut angesehen. Thomas kann nicht an die Auferstehung von Jesus glauben, ohne ihn zu sehen und zu berühren. Über Jakobus, den Sohn des Alphäus, Thaddäus, Natanael (oder Bartholomäus) und Simon Kananäus wissen wir nicht viel. Judas Iskariot verrät schließlich den Priestern, wo Jesus zu finden ist, um ihn gefangen nehmen zu können.

Die zwölf Jünger oder Freunde von Jesus sind sehr verschieden, sie haben verschiedene Ansichten und große Ziele, sie denken und handeln ganz unterschiedlich. Das ist ein gutes Bild für die Verschiedenheit der Christinnen und Christen, die heute in den verschiedenen Kirchen leben, und trotzdem alle zu Jesus gehören und ihm nachfolgen wollen.

Kafarnaum

Kafarnaum ist eine Stadt am Nordufer des Sees Gennesaret. In dieser Gegend ist der See sehr reich an Fischen, und viele Menschen leben vom Fischfang.
Die Stadt hat eine Synagoge und größere Hafenanlagen. Zu der Zeit von Jesus haben die Römer in der Stadt auch ein großes Militärlager.
Nach der Erzählung des Evangelisten Markus beginnt Jesus hier öffentlich zu wirken und wohnt hier auch eine Zeit lang.

Nachzulesen in Markus 1,21-34.

Kajaphas

Kajaphas ist der Schwiegersohn vom Hohenpriester Hannas. Er selbst ist auch ein Hohepriester. Als Jesus verurteilt wird, führt Kajaphas die Hauptverhandlung.
Schau auch unter Hannas und Hohepriester nach.

Kaiser Augustus

Augustus ist Nachfolger von Julius Cäsar und vom Jahr 31 vor Christus bis 14 nach Christus Kaiser des Römischen Reiches. Die Bezeichnung Kaiser geht auf Julius Cäsar zurück.
Der Evangelist Lukas erzählt von einer Volkszählung des Kaisers Augustus. Dieser will wissen, wie viele Menschen in seinem

K

Reich wohnen. So kann er abschätzen, wie viel Geld er durch Steuern bekommen kann, und wie viele Männer Soldaten sein können.

Schau auch unter Volkszählung nach.

Gegend, auf halber Strecke zwischen der Stadt Ptolemais (heute Akko) und dem Ort Magdala. Eine wichtige Hauptstraße des Römischen Reiches, die Verbindungsstraße vom See Gennesaret zum Mittelmeer, führt an Kana vorbei.
Hier tritt Jesus, nach der Erzählung des Evangelisten Johannes, bei einer Hochzeit zum ersten Mal öffentlich auf.

Nachzulesen in Johannes 2,1-12.

Kana

Kana ist ein kleiner Ort nördlich von Nazaret. Er liegt in einer teilweise sumpfigen, aber fruchtbaren

Kindesweihe

Der Evangelist Lukas erzählt, wie Maria und Josef den kleinen Jesus in den Tempel bringen, um ihn Gott zu weihen. Das ist ein sehr alter Brauch. Das erste Kind einer Familie ist damals etwas ganz Besonderes. Im zweiten Buch Mose (Buch Exodus) im Alten Testament finden wir eine Anweisung, nach der jede männliche Erstgeburt Gott gehören soll. „Erstgeburt" sind alle Menschen oder männlichen Tiere, die als erstes von einer Mutter oder einem Muttertier geboren werden. Die Israeliten sollen ihre Erstgeburten Gott geben, weil Gott sie aus Ägypten befreit hat. Wenn Maria und Josef den jungen Jesus in den Tempel bringen, dann zeigen sie damit: Jesus gehört Gott.

Nachzulesen in Lukas 2,22-40.

Jesus und untereinander.
Paulus sagt: *„Ein Brot ist es, von dem wir alle essen, darum sind wir, die vielen, ein Leib, der Leib Christi".*

Nachzulesen im 1. Brief an die Korinther 10,16.17.

In der katholischen Kirche bezeichnet das Wort Kommunion auch das Brot, genannt Hostie, die den Menschen in der Eucharistie-Feier gereicht wird.

Schau auch unter Abendmahl und Eucharistie nach.

Kommunion

Das Wort Kommunion stammt aus der lateinischen Sprache. Kommunion wird am besten mit dem Wort Gemeinschaft übersetzt. Deshalb sagt man heute in manchen Kirchen zur gemeinsamen Feier des Abendmahls auch Kommunion: das ist die Gemeinschaft mit

König David

Vor langer Zeit ist David König des Volkes Israel. Obwohl er Fehler macht, gilt er als ein guter und besonderer König.

Zu seiner Zeit herrscht Frieden im Reich, und die Menschen beten zu Gott. Der Befreier Israels, den die Propheten ankündigen, soll auch aus der Familie des Königs David stammen. Josef, der Mann von Maria, stammt nach dem Evangelisten Matthäus aus der Familie des Königs David. Damit gehört Jesus auch zu dieser Familie. Deshalb wird Jesus in der Bibel an manchen Stellen auch Sohn Davids genannt.

König der Juden

Der römische Statthalter Pontius Pilatus fragt Jesus bei der Gerichtsverhandlung, ob er der König der Juden ist. Die Juden warten seit Langem auf den Messias. Einige erwarten einen Messias, der auch zugleich ihr König ist. Dieser Messias sollte aus der Familie des Königs David stammen. Die meisten Jüdinnen und Juden sehen Jesus nicht als einen König an, der kommt, um ihr Land zu regieren, und auch nicht als Messias Gottes. Pontius Pilatus kann das aber nicht anders verstehen und fragt Jesus, ob er der König der Juden ist. Darauf antwortet Jesus: „Du sagst es."

König Herodes

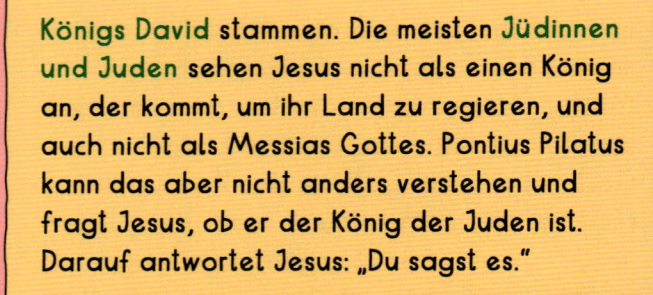

König Herodes ist der König der Juden, als Jesus geboren wird. Er selbst untersteht aber dem römischen Kaiser und darf nur das tun, was dieser ihm erlaubt. Das jüdische Volk hofft, dass ihm Gott selbst einen neuen, besseren König schickt, der es von der Vorherrschaft der Römer befreien wird. Alle vier Evangelisten deuten an, dass Jesus dieser neue König ist, auf den alle warten.

Schau auch unter Herodes nach.

König – Jesus

Die Evangelisten erzählen von Jesus manchmal wie von einem König.

In der Weihnachtsgeschichte wird Jesus von den Sterndeutern, die zu ihm aus dem Osten gekommen sind, gesucht, weil sie ihm wie einem neugeborenen Königskind Geschenke bringen wollen. Und Pontius Pilatus fragt Jesus bei der Gerichtsverhandlung, ob er der König der Juden sei. Außerdem wird er bei seinem Eintreffen in Jerusalem vom Volk wie ein König begrüßt.

Die Evangelisten machen aber auch deutlich: Jesus ist kein König, der gekommen ist, um sein Land wie andere Könige zu regieren. Jesus ist ein anderer König. Er ist der Messias Gottes, auf den alle warten: Sein Reich wächst in den Herzen der Menschen, die an ihn glauben.

Kreuzigung

Kreuzigung ist zu der Zeit von Jesus eine grausame Art, Verbrecher wie z.B. Straßenräuber und Aufständische mit dem Tod zu bestrafen. Die Römer übernehmen diese Art der Todesstrafe vom Volk der Punier in Nordafrika. Vor der Kreuzigung wird der Bestrafte ausgepeitscht. Dann muss er sein Kreuz, meist nur den Querbalken des Kreuzes, selbst zum Ort der Kreuzigung tragen. Dort ist schon ein Pfahl in die Erde gerammt. Der Verurteilte wird an den Querbalken genagelt, dann wird der Querbalken auf den Pfahl gehoben und seine Füße werden an den Pfahl genagelt. Zum Schluss werden ihm nach mehreren Stunden die Kniegelenke durchgeschlagen. Dadurch kann er sich zum Atmen nicht mehr mit den Füßen abstützen und erstickt. So stirbt er langsam und qualvoll. Oft geben die umherstehenden Menschen dem Gekreuzigten einen Betäubungstrank, damit er die Schmerzen nicht allzu stark spürt.

Kreuzigung von Jesus

Jesus wird von den Römern wie ein Verbrecher oder wie ein Aufständischer behandelt und daher wie diese gekreuzigt. Der Hohe Rat, die geistlichen Führer des Volkes Israel, und die römische Besatzungsmacht wirken beim Tod von Jesus zusammen. Jesus gerät unter die Räder der Mächtigen im Staat und in der Religion.
Ihm, der gegen niemanden Gewalt anwendet, und der die Liebe predigt und lebt, wird die äußerste Gewalt angetan: der Kreuzestod. Spott, Hohn und Gewalt begleiten seinen Leidensweg. Er leidet und stirbt; alle seine Freunde verlassen ihn.

Einige Frauen schauen aber aus der Ferne zu. Jesus spricht ein Gebet, das alle gläubigen Juden im Sterben beten:

*„Mein Gott, mein Gott,
warum hast du mich verlassen?"*

Psalm 22,1.

Er ist ganz allein. Aber er stirbt in die Hände Gottes hinein, die ihn zu neuem Leben erwecken. So zeigt sich, dass es keinen von Gott verlassenen Ort gibt, nicht einmal im Tod sind wir von Gott verlassen. Dort, wo für die Menschen alles zu Ende ist, kommt die Wende durch Gott.
Gott begegnet der menschlichen Gewalt mit seiner Liebe, die Leben spendet. Durch den Tod von Jesus wird es möglich, dass alle Menschen zu Gott kommen können.

Jesus versöhnt Gott und die Menschen miteinander, sagt der Apostel Paulus, und versucht so zu erklären, warum Jesus sterben musste.

Schau auch unter Kreuzigung und Leiden von Jesus nach.

Krippe
Schau unter Futtertrog nach.

Kyrie eleison

Der Evangelist Markus erzählt, dass der blinde Bartimäus, der vor der Stadt Jericho auf Jesus wartet, laut schreit, als er Jesus kommen hört: „Sohn Davids, erbarme dich meiner!" Dieses Gebet wird in ähnlicher Weise heute noch in vielen Kirchen gesungen und gebetet: „Herr, erbarme dich!"

Griechisch heißt das: „Kyrie eleison!", was so viel bedeutet wie: „Gott möge Erbarmen mit mir haben. Er möge zu mir barmherzig sein und mich sein gutes Herz spüren lassen".

Leiden von Jesus

Jesus muss nicht nur unter dem Kreuzestod leiden. Schon davor leidet er darunter, dass die Menschen ihn und seine Botschaft vom Reich Gottes nicht verstehen. Auch seine Freundinnen und Freunde verstehen ihn oft nicht. Er leidet darunter, dass die Menschen in Jerusalem Gott nicht so lieben, wie er es sich wünscht. Er leidet daran, wie Menschen, die sich für sehr fromm halten, die gutgläubigen Menschen unterdrücken. Jesus sagt auch, dass die Menschen, die ihm nachfolgen, also seine Freundinnen und Freunde, die es auch heute gibt, immer wieder leiden müssen.

L

Leidensankündigungen

Die Evangelisten erzählen, dass Jesus mit seinen Freundinnen und Freunden über seinen Tod spricht. Dreimal kündigt er sein Leiden, seinen Tod und seine Auferstehung an. Jesus ist sich offensichtlich klar darüber, was ihn in Jerusalem erwartet. Er sagt seinen Freundinnen und Freunden, dass er sterben wird. Er sagt aber auch, dass Gott ihn von den Toten auferwecken wird. Damit will er sie vorbereiten und auch trösten.

In diesen Abschnitten der Bibel spricht Jesus über seinen bevorstehenden Tod: Markus 8,31; 9,31; 10,32-34; Matthäus 16,21; 17,22.23; 20,18.19; Lukas 9,22; 9,44;18,31-34.

Leviten

Die Leviten arbeiten mit den Priestern gemeinsam im Tempel. Sie stammen von Levi ab. Levi ist einer der zwölf Söhne von Jakob. Die Leviten dienen im Tempel zusammen mit den Priestern und mit den Nachkommen von Aaron, dem Bruder von Mose, der das Volk Israel aus Ägypten geführt hat. Schau auch unter Priester nach.

Lukas, der Evangelist

Lukas schreibt seine frohe Botschaft von Jesus, sein Evangelium, für seinen Freund Theophilus. Lukas ist gebildet und spricht Griechisch.
Er bemüht sich, in seinem Evangelium die Geschichte von Jesus darzustellen.

Theophilus soll über alles Bescheid wissen. Die Geschichte der Verbreitung der frohen Botschaft von Jesus Christus und von den ersten Gemeinden finden wir im zweiten Buch, das Lukas geschrieben hat, in der Apostelgeschichte. Sein Schreiben ist aber kein Privatbrief an Theophilus. Lukas hofft, dass die Geschichte von Jesus auf diese Weise große Verbreitung findet. Und genau das geschieht dann auch.

Schau auch unter Neues Testament nach.

Maria

Der hebräische Name für Maria lautet Mirjam und bedeutet: Die von Gott besonders Geliebte.
Maria, die Mutter von Jesus, ist noch eine junge Frau. Sie ist mit Josef verlobt.

Die Evangelisten Matthäus und Lukas erzählen, dass ihr Gott durch seinen Heiligen Geist ein Kind schenkt. Durch sie kommt Jesus zur Welt. Maria erkennt als erste die Bedeutung von Jesus. Dies drückt sie nach dem Evangelisten Lukas in einem Loblied auf Gott aus:

„Ja, ich bin sehr glücklich über Gott.
Ich lobe ihn von ganzem Herzen.
Ich bin eine junge, unbedeutende Frau.
Aber gerade mich hat Gott ausgesucht und mir dieses Kind geschenkt. Alle Menschen werden sehen, wie glücklich ich bin.
Gott ist stark und er hat große Dinge an mir getan.
Gott hat die Menschen schon immer sehr lieb.
Gott zerstreut die Menschen, die in ihrem Herzen hochmütig sind.
Den Menschen, die andere unterdrücken, nimmt er die Macht weg.

M

Er steht auf der Seite derer, die keine Macht haben.
Er kümmert sich um sie.
Er beschenkt die Armen,
während Reiche mit leeren Händen dastehen.
Gott steht auf der Seite der Kleinen und Schwachen.
Gott hilft seinem Volk, so wie er es versprochen hat, unseren Müttern und Vätern vom Anbeginn der Welt."

Nachzulesen in Lukas 1,46-55.

Maria begleitet Jesus auch weiter auf seinem Weg als erwachsener Mann. Der Evangelist Johannes erzählt, dass sie mit Jesus gemeinsam Gast bei einer Hochzeit in Kana ist. Als Jesus von den Römern misshandelt wird und stirbt, ist sie in seiner Nähe.
Der Evangelist Lukas erwähnt am Beginn seiner Apostelgeschichte Maria im Kreis der Apostel, nachdem Jesus zu seinem Vater zurückgekehrt ist.
Für katholische und für orthodoxe Christinnen und Christen hat Maria einen ganz besonderen Stellenwert. Sie stellt sich Gott zur Verfügung. Sie schenkt Jesus das Leben. Deshalb wird ihr als Mutter Gottes eine ganz besondere Wertschätzung entgegengebracht.

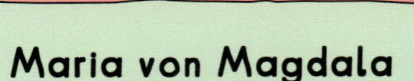

Maria von Magdala

Maria kommt aus dem Ort Magdala. Dieser liegt am westlichen Ufer des Sees Gennesaret. Nach der Erzählung des Evangelisten Lukas ist Maria durch Jesus von einer schweren Krankheit befreit worden. Sie gehört zu den Menschen, die mit Jesus unterwegs sind. Sie ist auch bei der Kreuzigung von Jesus dabei.

Sie ist eine der Frauen, die am Auferstehungstag das leere Grab entdecken. Nach dem Evangelium von Johannes ist sie die erste, die von der Auferstehung erfährt, und dem auferstandenen Jesus begegnet.

Markus, der Evangelist

Der Evangelist Markus schreibt ein Evangelium über das Leben von Jesus und über seine Taten. Alles, was er von Jesus weiß und glaubt, schreibt er auf, damit die ersten Christinnen und Christen über Jesus Bescheid wissen und an ihn glauben. Seine Erzählung fängt bei der Taufe von Jesus an. Eine Geschichte von Jesus als Kind erzählt Markus nicht. Markus kennt viele Namen für Jesus: Messias, Menschensohn, Sohn Gottes und König. Mit diesen Namen beschreibt Markus, dass Gott durch Jesus handelt, um eine neue, bessere Zeit anbre-

chen zu lassen. Für Markus ist Jesus der erwartete Messias, der neue König, durch den Gott seinem Volk hilft.

Matthäus, der Evangelist

Der Evangelist Matthäus erzählt, dass Jesus in Betlehem geboren wird. Josef gehört zur großen Familie von König David, der aus Betlehem stammt. Zur Geburt von Jesus kommen hier nicht die Hirten, wie im Evangelium des Lukas, sondern Sterndeuter aus dem Osten. Sie bringen Jesus Geschenke mit. Matthäus will damit sagen, dass alle Völker zu Jesus kommen, um ihn zu ehren, und dass Jesus für alle Menschen da ist. Dann muss die Familie von Jesus vor König Herodes nach Ägypten fliehen. Jesus und seine Eltern werden später von Gott wieder aus Ägypten gerufen. Jesus geht also den Weg, den auch die Israelitinnen

M

und Israeliten vor langer Zeit gegangen sind, die in Ägypten versklavt waren.

Schau auch unter Auszug aus Ägypten nach.

Schließlich wächst Jesus in Nazaret in Galiläa auf. Der Evangelist Matthäus zeigt: Jesus ist der Retter, auf den das Volk, das von den Römern unterdrückt wird, schon lange wartet. Am Ende seines Evangeliums finden wir die Aufforderung an die Jüngerinnen und Jünger, die Botschaft von Jesus Christus zu allen Menschen zu bringen.

wird die gleiche Geschichte von einem Zöllner, der Levi heißt, erzählt.

Matthäus lädt Jesus daraufhin mit vielen anderen Zöllnern zu einem großen Essen ein. Dies ruft bei den Pharisäern und Schriftgelehrten große Empörung hervor. Die Zöllner gelten als öffentliche Sünder, weil sie für die römische Besatzungsmacht arbeiten und von den Menschen auch Geld für die eigene Tasche fordern.

Nachzulesen in Markus 2,13-17; Matthäus 9,9-13; Lukas 5,27-32.

Matthäus, der Jünger

Matthäus ist ein Zöllner. Jesus ruft ihn von seiner Arbeitsstelle weg in seine Nachfolge. Bei den Evangelisten Markus und Lukas

Menschen, die Jesus folgen

Viele Menschen gehen mit Jesus auf seinem Weg durch Galiläa und nach Jerusalem mit. Sie wollen hören, was er ihnen über Gott zu erzählen hat. Sie wollen sehen, wie er

Kranke heilt oder andere wunderbare Dinge tut. Sie spüren und sehen: Das ist eine völlig neue Botschaft von Gott, die ihnen ganz viel Hoffnung und Lebensmut gibt. Bei den Menschen, die Jesus folgen, sind nicht nur seine zwölf Jünger, von denen immer wieder erzählt wird. Es sind auch viele Frauen dabei und auch Kinder.

Schau auch unter Frauen um Jesus, Freundinnen und Freunde von Jesus, Jüngerinnen und Jünger von Jesus und Nachfolge nach.

Menschensohn

Schon im Alten Testament wird immer wieder von einem Menschensohn gesprochen. Der Menschensohn ist einer, der von Gott geschickt wird, um die Menschen zu befreien und sie wieder zu Gott zu bringen. Jesus wird von den Evangelisten oft Menschensohn genannt und nennt sich auch selbst so. Damit soll deutlich werden: Er ist der von Gott zu den Menschen geschickte Retter und Erlöser.

Messias

Messias heißt: Der Gesalbte, der von Gott kommt. Könige, Priester und Propheten werden gesalbt, um so für ihre besondere Aufgabe vorbereitet zu werden.
Das jüdische Volk, das von den Römern unterdrückt wird, wartet sehnsüchtig auf den Messias. Er soll der neue König sein, der sein Volk befreit. Er soll aus der Familie vom berühmten König David kommen.

Das griechische Wort für Messias ist Christos. Lateinisch heißt das Christus. So wird Jesus von den ersten Christinnen und Chris-

N

ten genannt, und daher stammt auch die Bezeichnung „Christen".
Für die ersten Christinnen und Christen ist Jesus der Messias, der dem Volk Israel versprochen ist. Deshalb erzählt uns der Evangelist Matthäus von den Sterndeutern, die den neugeborenen König suchen, und ihn in Betlehem finden. Der Stern ist ein Zeichen für die königliche Herkunft des Kindes Jesus.

Heute sagen Frauen und Männer, die an Jesus Christus glauben, auch, dass sie ihm nachfolgen. Sie meinen damit, dass sie versuchen, in seinem Geist zu leben und so zu handeln wie Jesus. Zu dieser Nachfolge gehört auch, dass sie in schweren Zeiten genauso am Glauben an Christus festhalten wie an den schönen Tagen des Lebens.

Nachfolge

Jesus folgen viele Menschen nach. Sie begleiten ihn auf seinem Weg, ziehen mit ihm durch das Land und leben mit ihm. Der Weg mit Jesus führt aber auch durch das Leid. Als Jesus gekreuzigt wird und stirbt, sind nur noch wenige Menschen bei ihm.

Namen

Der Name ist für jeden Menschen sehr wichtig. Jeder und jede hat einen Namen. Wenn eine Frau oder ein Mann keinen Namen hat, dann ist es so, als wäre sie oder er nicht da. Deshalb haben Namen eine besondere Bedeutung, und es ist sehr wichtig, welchen Namen ein Kind bekommt.
Nach den Vorstellungen der Menschen zu der Zeit von Jesus sagt der Name auch etwas über das Wesen eines Menschen aus.

Oft geben die Eltern ihrem Kind den Namen der Großeltern, damit deutlich wird, dass die Geschichte der Vorfahren in den Nachkommen eine Fortsetzung hat.
Viele Namen haben eine ganz besondere Bedeutung. Das kannst Du bei den Namen in diesem Lexikon nachlesen.

Die Evangelisten Markus, Matthäus, und Lukas kennen den Jünger Natanael nicht, sondern einen Jünger mit dem Namen Bartholomäus.

Natanael

Der Evangelist Johannes berichtet von einem Jünger und Freund von Jesus mit dem Namen Natanael. Er stammt aus dem Ort Kana. Als Natanael von Jesus zum Jünger berufen wird, legt er ein besonderes Bekenntnis über Jesus ab: *„Rabbi, du bist der Sohn Gottes, du bist der König von Israel!"*

Nachzulesen in Johannes 1,49.

Nazaret

Nazaret ist zu der Zeit von Jesus ein kleines Bauern- und Handwerkerdorf mit etwa 400 Einwohnerinnen und Einwohner. Nach der Erzählung der Evangelisten wächst Jesus hier bei Maria und Josef, der Zimmermann ist, auf. Später wird er nach seinem Herkunftsort oft Jesus von Nazaret genannt.
Der Evangelist Lukas berichtet, dass Jesus in der Synagoge von Nazaret das erste Mal öffentlich predigt.

Nachzulesen in Lukas 4,16-30.

Neues Testament

Das Neue Testament ist eine Sammlung von 27 verschiedenen Schriften.

Es beginnt mit den vier Evangelien, die von Jesus erzählen. Darauf folgen die Geschichte der ersten Christinnen und Christen in der Apostelgeschichte und viele Briefe, die vor allem der Apostel Paulus an die ersten christlichen Gemeinden schreibt. Das letzte Buch des Neuen Testaments ist die Offenbarung des Johannes.

Jesus ist Jude. Auch die ersten Christinnen und Christen sind in der Mehrzahl Jüdinnen und Juden.

Das Wort Testament bedeutet Bund. Ein Bund ist ein gegenseitiges Versprechen. Gott verspricht, für das Volk Israel da zu sein und es zu segnen. Die Israelitinnen und Israeliten versprechen Gott, ihm treu zu sein.

Für Christinnen und Christen hat Gott durch Jesus einen neuen Freundschaftsbund mit allen Menschen geschlossen. Genauso besteht der Bund zwischen Gott und dem Volk Israel weiter.
Es gibt einen ersten und einen zweiten Bund. Deshalb nennen manche Menschen die Büchersammlungen der Bibel auch Erstes und Zweites Testament.

Damit soll deutlich werden, dass das Judentum zuerst da ist, und dass das Christentum darauf aufbaut.

Wir haben uns für die Bezeichnung Altes Testament und Neues Testament entschieden, weil für uns das Wort „alt" auch „besonders gut" oder „besonders bewährt" bedeutet. Wir wollen damit eine besondere Wertschätzung gegenüber dem jüdischen Glauben ausdrücken. Hier finden wir die Wurzeln für den christlichen Glauben, denn Grundlage des christlichen Glaubens ist die

Bibel. Das sind alle Schriften des Alten und des Neuen Testaments.

Schau auch unter Altes Testament und unter Bibel nach.

Ochse

Ein Ochse wird in der Weihnachtsgeschichte weder beim Evangelisten Matthäus noch bei Lukas erwähnt. Aber für welches Tier war dann die Krippe, der Futtertrog, in den Maria ihr Kind legt? Vielleicht für einen Ochsen?
Im Alten Testament gibt es einen Spruch über einen Ochsen. Der Prophet Jesaja sagt:

„Der Ochse kennt seinen Besitzer und der Esel die Krippe seines Herrn"

Jesaja 1,3.

O

Vielleicht ist dieser Spruch ja der Grund dafür, dass wir auf Weihnachtsbildern immer einen Ochsen und einen Esel bei dem Jesuskind sehen.
In einer Spätschrift zum Neuen Testament wird erwähnt, dass der Ochse und der Esel das Kind Jesus ebenfalls verehren. Diese Erzählung beeinflusst stark die Volkskunst ab dem 12. Jahrhundert nach Christus. Seither werden im Stall immer Ochse und Esel dargestellt.

Ölberg

Östlich von der Stadt Jerusalem liegt der Ölberg. Zu der Zeit von Jesus wachsen dort viele Olivenbäume. Aus Oliven lässt sich gutes Öl gewinnen, daher stammt der Name Ölberg.
Schon zu der Zeit des Alten Testaments gilt dieser Berg als ein besonderer Ort des

Gebets. Von vielen gläubigen Menschen wird in der Bibel berichtet, dass sie auf einen Berg gehen, um zu Gott zu beten (z.B. Mose, König David und Jesus). Jesus betet vor seiner Verhaftung in Getsemani, in einem Garten voller Olivenbäume am Fuß des Ölbergs.

Schau auch unter Getsemani nach.

Opfer

Die Menschen kommen zum Tempel nach Jerusalem, um zu beten. Sie bringen Gott dort auch Opfer dar. Sie schenken Gott so etwas von dem, was ihnen gehört. Damit zeigen sie, dass sie sich Gottes Nähe wünschen.

Opfer können ganz verschieden sein. Das tägliche Rauchopfer zeigt:
Gott ist da, er segnet die Menschen, und so wie der Rauch aufsteigt, möge Gott die Gebete der Menschen erhören.
Das Mahlopfer bedeutet für die Menschen, ihren Bund mit Gott zu stärken. Sie schlachten ein Tier und essen es gemeinsam. Ein Teil von diesem Tier ist für Gott bestimmt und wird auf einem Altar verbrannt. Für die Menschen ist es dann so, als würden sie mit Gott an einem Tisch sitzen und essen. Die Menschen fühlen sich durch das gemeinsame Mahl wieder neu mit Gott und untereinander verbunden. Durch ein Opfer können sie Gott zeigen, dass sie sehr dankbar sind. Manchmal tun Menschen aber auch etwas, das Gott nicht gefällt. Als Zeichen dafür, dass es ihnen leid tut, zeigen sie Gott durch ein Opfer ihre Liebe.

Heute steht der Tempel in Jerusalem nicht mehr und die Menschen zeigen Gott ihre Liebe anders: Zum Beispiel beten sie, oder sie helfen anderen Menschen.

Opfer (nach der Reinigung)

Der Evangelist Lukas erzählt, wie Maria und Josef Jesus am 40. Tag nach seiner Geburt in den Tempel bringen. Sie kaufen und opfern dort zwei Tauben, denn sie sind arm und können sich kein anderes Opfertier leisten.

Wenn eine Frau damals ein Kind bekommt, dann hat sie einen besonderen Platz innerhalb der jüdischen Gemeinschaft. Im Alten Testament steht für eine junge Mutter ein Gesetz: Sie darf bestimmte Dinge nicht tun, weil das für ihre Gesundheit und für die Gesundheit der anderen nicht gut ist.

Nach 40 Tagen ist diese Zeit vorbei. Die Eltern opfern im Tempel von Jerusalem zwei Tauben und die Frau ist dann wieder in die Volksgemeinschaft aufgenommen.

Nachzulesen in Lukas 2,22.

Opfergeld im Tempel
Schau unter Tempelgeld nach.

Opfertiere

Für die Opfer der Gläubigen brauchen die Priester im Tempel verschiedene Tiere: Tauben oder Lämmer. Diese Tiere müssen ganz gesund sein.
Die Menschen, die den Tempel besuchen, können Tiere wegen ihrer langen Anreise nicht von zu Hause mitbringen. Sie kaufen sie bei den Händlern im Vorhof des Tempels. Die Tiere werden im Tempel als Opfertiere geschlachtet. Die Priester schütten ihr Blut an den Fuß des Altars und verbrennen einzelne Teile der Tiere. Das restliche Fleisch essen die Menschen auf.

Ostern

Zu Ostern feiern Christinnen und Christen die Auferstehung von Jesus. Das Fest dauert mehrere Tage und besteht aus verschiedenen Teilen. Eine Woche vor Ostern, am Palmsonntag, erinnern sich die Christinnen und Christen an den Einzug von Jesus in Jerusalem. Wenige Tage später, am Gründonnerstag, erinnern sie sich an die Feier des letzten Abendmahls und an die Todesangst, die Jesus am Ölberg, im Garten Getsemani, durchsteht. Am Karfreitag steht die Erinnerung an das Leiden und an den Tod von Jesus am Kreuz im Mittelpunkt. Am Ostersonntag feiern Christinnen und Christen, dass Gott Jesus von den Toten auferweckt hat.
Meist wird die Auferstehung schon in der Osternacht, also in der Nacht vom Karsamstag auf den Ostersonntag, gefeiert. Dies ist ein ganz besonderer Grund zum Feiern. Die Auferstehung von Jesus ist der Ursprung für die Hoffnung und den Glauben der Christinnen und Christen. Nach den Erzählungen der Evangelisten ist Jesus am ersten Tag der Woche, also am Sonntag, auferstanden. So ist für Christinnen und Christen jeder Sonntag ein kleiner Ostersonntag, an dem sie der Auferstehung und ihrer Erlösung gedenken und sie feiern.

Schau auch unter Auferstehung, Auferstehung von Jesus Christus und unter Erlöser nach.

Paschafest

Beim Paschafest feiern die Jüdinnen und Juden die Befreiung ihres Volkes aus der Sklaverei und aus der Unterdrückung in Ägypten. Zu der Zeit von Jesus essen sie bei dieser Feier ein Lamm und erinnern sich daran, wie Gott sie befreit hat: Die Überlieferung erzählt, dass die Israeliten, bevor

sie aus Ägypten ausziehen, die Türpfosten ihrer Häuser mit dem Blut von einem geschlachteten Lamm bestreichen.
Und alle, die das tun, sind vor dem Tod geschützt. In allen anderen Häusern sterben Menschen und Tiere. Als das geschieht, erlaubt der Pharao den Israelitinnen und Israeliten - endlich - das Land Ägypten, für das sie Sklavenarbeit leisten mussten, zu verlassen.
Dieses Fest ist für die Jüdinnen und Juden seither das wichtigste aller Feste. Deshalb kommen sie nach Jerusalem zum Tempel, um dort das Paschafest zu feiern. Auch Jesus zieht mit seinen Freunden nach Jerusalem und feiert mit ihnen dort das Paschafest.

Schau auch unter Abendmahl nach.

Petrus
Schau unter Simon Petrus nach.

Pfingsten

Das Wort Pfingsten heißt in der griechischen Sprache „Pentekoste", das ist der 50. Tag. Am fünfzigsten Tag nach dem Paschafest feiern die Jüdinnen und Juden wieder ein großes Fest: die erste Getreideernte. (Wegen des besonderen Klimas gibt es in Palästina zwei Ernten im Jahr.) Später feiern sie bei diesem Fest auch, dass Gott ihnen seine Gebote geschenkt hat. Sie danken Gott für seine Fürsorge und Treue. Da dieses Fest sieben Wochen nach dem Paschafest gefeiert wird, nennen sie es das Wochenfest, in ihrer Sprache Shawuot, da Shawua „die Woche" bedeutet.
Der Evangelist Lukas erzählt in der Apostel-

geschichte: Als Freundinnen und Freunde von Jesus zum Pfingstfest in Jerusalem versammelt sind, erfüllt sie Gottes Heiliger Geist, der wie Feuer und Sturm zu ihnen kommt und ihnen alle Angst nimmt. Mutig gehen sie hinaus und erzählen vielen Menschen von der guten Botschaft der Liebe Gottes. Wenn Christinnen und Christen heute Pfingsten feiern, danken sie Gott dafür, dass er den Menschen seinen Heiligen Geist, seinen Liebesatem, gibt. Sie glauben, dass Gottes guter Geist in dieser Welt und im Leben der Menschen wirkt.

Nachzulesen in Apostelgeschichte 2,1-13.

Pharisäer

Die Pharisäer, das heißt übersetzt Abgesonderte, sind eine Gruppe von sehr frommen Menschen innerhalb des jüdischen Volkes. Sie wollen das Gesetz Gottes besonders gut und genau befolgen. Daher halten sich einige von ihnen für besser als andere Menschen und sondern sich so vom Rest der jüdischen Gemeinschaft ab. Sie achten dabei ganz besonders auf die Reinheit von Gegenständen und Lebensmittel. Das ist aber nur eines der vielen Gesetze. Die anderen nehmen sie nicht so ernst. Sie werfen Jesus vor, dass er die Gebote Gottes nicht richtig beachtet. Jesus hingegen hält den Pharisäern vor, dass sie oft nur heucheln und schön tun. Das heißt, dass sie für andere Menschen Richtlinien aufstellen, die sie selbst nicht einhalten.

Philippus

Philippus ist einer der Freunde und Jünger von Jesus. Er kommt aus Betsaida in Galiläa, einem kleinen Fischerdorf am Nordostufer des Sees Gennesaret. Aus diesem Dorf kommen auch Simon Petrus und sein Bruder Andreas. Jesus ruft Philippus in seine Nachfolge. Durch Philippus lernt Natanael Jesus kennen.

Nachzulesen in Johannes 1,43-51.

Politische Situation zu der Zeit von Jesus

Die Römer halten das Land, in dem das jüdische Volk lebt, besetzt. Sie sind zu jener Zeit die Weltmacht, alle Länder haben ihnen zu gehorchen. Der römische Statthalter vertritt den römischen Kaiser und sagt, was die Leute tun sollen, was sie dürfen und was nicht. Die Menschen müssen dem römischen Kaiser hohe Steuern zahlen. Das gefällt ihnen nicht. Sie wollen gerne wieder frei sein und selbst über sich und ihr Land bestimmen. Die Jüdinnen und Juden warten auf jemanden, der sie von dieser fremden Herrschaft befreit. Sie warten auf einen neuen König aus der Familie von König David. Sie warten auf den Messias. Alle Evangelisten deuten an, dass Jesus dieser neue König und Messias ist, auf den alle warten.

Pontius Pilatus

Der römische Kaiser Tiberius ernennt Pontius Pilatus zum fünften Statthalter über Judäa. Er hat keine einfache Aufgabe. Er soll Ruhe und Frieden im Volk Israel bewahren, denn das Volk Israel ist unzufrieden und leidet unter der römischen Besatzungsmacht. Gegen diese gibt es in Palästina immer wieder Aufstände. Besonders die Gruppe der so genannten Zeloten kämpft im Untergrund gegen die Römer. Zu den hohen jüdischen Festen muss sich Pontius Pilatus in die Hauptstadt Jerusalem begeben, weil er die Gewänder für den Hohenpriester in seiner Festung Antonia aufbewahrt. Pontius Pilatus ist daher zum Paschafest auch in Jerusalem und wird in die Verurteilung von Jesus mit einbezogen. Er möchte Jesus nicht verurteilen, sondern freigeben, obwohl man sonst von ihm weiß, dass er sehr grausam ist. Aber die Volksmenge entscheidet anders. Die versammelten Menschen wollen, dass Barabbas frei kommt. Deshalb übergibt Pontius Pilatus Jesus zur Kreuzigung.

Priester

Die Priester bringen Gott im Tempel in Jerusalem regelmäßig Opfer dar. Sie gehören zum Stamm der Leviten oder stammen von Aaron, dem Bruder des Mose, ab.
Die Priester sind in 24 Gruppen aufgeteilt. Jede der Gruppen ist zweimal im Jahr für eine Woche im Tempel, um dort ihren Dienst zu tun. Dazu gehört es auch, das Rauchopfer anzuzünden.
Heute – nach der Zerstörung des Tempels – gibt es in der jüdischen Religion keine Priester mehr. Die religiösen Feiern werden in der Familie begangen.

Schau auch unter Tempeldienst nach.

Prophetinnen und Propheten

sind Menschen, die eine Botschaft von Gott bringen. Sie sind von Gott berufen und beauftragt, seine Botschaft an die Menschen weiterzusagen.

Sie ermahnen die Menschen, wenn sie falsche Wege gehen, oder kündigen Gottes Hilfe an. Viele ihrer Botschaften sind im Alten Testament aufgeschrieben. Besonders der Evangelist Matthäus zeigt immer wieder, dass mit der Geburt von Jesus Ankündigungen von früheren Propheten eingetroffen sind. Er versucht aufzuzeigen, dass Gott erfüllt, was er verspricht.

Die biblischen Propheten erzählen von einem Retter, einem Erlöser, der sein Volk befreien und glücklich machen wird. Dieser Erlöser muss aber auch selbst viel leiden.

Die Christinnen und Christen glauben, dass Jesus dieser Retter und Erlöser, der Messias, ist, den die Propheten angekündigt haben.

Rabbi

Rabbi ist eine ehrenvolle Anrede für einen religiösen Lehrer. Sie wird in den Schriften des Neuen Testaments oft für Jesus verwendet. Rabbi heißt aus dem Hebräischen wörtlich übersetzt: mein Großer. In den deutschen Übersetzungen wird „Rabbi" auch mit „Meister" wiedergegeben.

Rauchopfer

Jeden Morgen losen die Priester aus, wer den Weihrauch im Tempel in Jerusalem anzünden darf. Dies wird als eine ganz besondere Aufgabe angesehen, weil dieser Priester dann morgens und abends in den

inneren Raum des Tempels gehen darf. Er ist dort dem Allerheiligsten, dem Raum, von dem die Menschen glauben, dass dort Gott wohnt, sehr nahe.
Der Priester zündet den Weihrauch an. Einerseits ist der nach oben steigende Duft ein Zeichen der Verbindung zwischen Gott und den Menschen. Der Rauch, der nach oben steigt, ist ein Bild dafür, dass die Gebete der Menschen zu Gott aufsteigen. Und andererseits ist Weihrauch sehr wertvoll. Die Menschen bringen Gott also etwas sehr Kostbares dar. Sie zeigen damit, wie wichtig ihnen Gott ist. Das ist eine Bedeutung des Wortes Opfer: Gott etwas Kostbares geben. Wenn der Weihrauch verbrennt, dann duftet es gut im Raum, und manche Menschen fühlen sich von Gott wie von einem guten Duft umgeben und ihm besonders nahe.

Rauchopferaltar

Der Rauchopferaltar ist wie ein Tisch aus Stein, auf dem das Gefäß mit dem Weihrauch für das Rauchopfer abgestellt wird. Dieser Steintisch steht mit dem Tisch für die Schaubrote und mit der Menora in dem Raum vor dem Allerheiligsten. Die Menora ist ein siebenarmiger Kerzenleuchter.

Reich Gottes

Jesus spricht – wie die Evangelisten erzählen – vom Reich Gottes und verkündet, dass es kommen wird. Dieses Reich ist ein ganz besonderes Reich. Es ist die neue

Welt Gottes. Dort ist Gott selbst der Herrscher. Wo Gott regiert, da verändert sich das ganze Leben. Da können Menschen einander lieben und vergeben, statt ständig gegeneinander zu kämpfen. Es ist wie eine Gegenwelt Gottes mitten in unserer Welt. Dieses Reich ist verborgen in den Herzen der Menschen und oft ist es zunächst erst ganz klein. Aber es kann in den Menschen wachsen und ganz groß werden, wenn Menschen Gott und seiner Liebe in ihren Herzen den rechten Platz geben.

z.B. Kaiser und Könige. Einfache Menschen gehen zu Fuß. Auch Jesus und seine Freunde legen ihre Wege zu Fuß zurück.

Reisen zu der Zeit von Jesus

Der Evangelist Lukas erzählt, wie Maria und Josef von Nazaret nach Betlehem reisen. Zu Fuß braucht man für diesen Weg ungefähr vier Tage, auf einem Esel etwas weniger. Es gibt auch Pferdewagen, aber so etwas besitzen nur die ganz reichen Leute, wie

Retter der Welt

Die Römer haben das Land, in dem das jüdische Volk lebt, besetzt. Das riesengroße Römische Reich ist für die Menschen zu der Zeit von Jesus die ganze Welt. Der römische Statthalter vertritt den römischen Kaiser und sagt, was die Leute tun sollen, was sie dürfen und was nicht.

Die Menschen müssen hohe Steuern an den

R

römischen Kaiser zahlen. Das gefällt ihnen nicht. Sie wollen gerne wieder frei sein und selbst über sich und ihr Land bestimmen. Die Jüdinnen und Juden warten auf einen Retter (Messias, König), der sie von dieser fremden Herrschaft befreit.

Der Evangelist Matthäus und der Evangelist Lukas deuten an, dass Jesus dieser Retter ist, auf den alle warten: der Retter der Welt.

Jesus ist aber anders, als die Menschen es sich zu seiner Zeit wünschen und erwarten. Er zeigt den Menschen, wie sehr Gott sie liebt, und sagt ihnen, dass sie einander lieben sollen. Er kämpft nicht gegen die Römer. Er lässt sich nicht zum König machen, denn er ist König des Reiches Gottes.
Durch die Macht und Gewalt der Römer stirbt Jesus machtlos am Kreuz. Trotzdem sagen die ersten Christinnen und Christen über ihn: Er ist der Retter der Welt.

Römer

In der Zeit von Jesus beherrschen die Römer die Welt. Rom ist ihre Hauptstadt. Sie haben alle Länder rund um das Mittelmeer erobert. Das Römische Reich erstreckt sich im Norden bis zur Donau, also bis in Teile des heutigen Österreichs und Deutschlands.
Wenn die Römer ein neues Land erobern, machen sie es zu einer römischen Provinz, die von einem römischen Statthalter verwaltet wird. Soldaten sorgen für die Ruhe im Land und schauen, dass es keine Aufstände gibt.
In Rom ist Augustus als Nachfolger Caesars an der Macht. Seither herrschen bis zum Ende des Römischen Reiches Kaiser, die sich als Herr über Leben und Tod ihrer Untertanen verstehen. Manche Kaiser wollen auch als Gott verehrt werden.

Auch Palästina, das Land, in dem Jesus lebt, ist von den Römern besetzt und wird Provinz Judäa genannt. Pontius Pilatus ist Statthalter, Herodes ist der von den Römern eingesetzte König der Provinz. In vielen Städten errichten die Römer große Militärlager. Das jüdische Volk ist über die Römer sehr verbittert und zornig. Manche versuchen deshalb, die römischen Militärtruppen zu überfallen und Aufstände anzuzetteln. Aufständische und oft auch Unschuldige werden hart bestraft. Manche von ihnen werden ans Kreuz geschlagen. Die Kreuzigung gehört zu den schmerzvollsten Todesarten. Römische Bürgerinnen und Bürger dürfen nicht gekreuzigt werden, da diese Todesart für sie zu unehrenhaft ist.

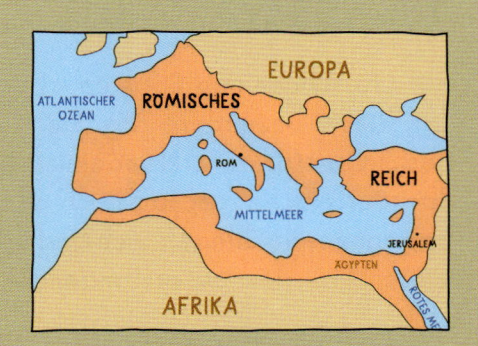

Sabbat

Der Sabbat ist der siebente Tag, der letzte Tag der Woche, unser Samstag. Der Sabbat beginnt, wenn am Freitagabend der erste Stern erscheint, und endet am Samstagabend. Für die Jüdinnen und Juden ist der Sabbat ein Feier- und Ruhetag.

Die Bibel sagt, dass sich am Sabbat jeder ausruhen darf. Keiner soll mehr arbeiten, nicht einmal die Dienerinnen, Diener, Sklaven und Sklavinnen. Auch für die Tiere gilt diese heilige Ruhe.

S

In Ägypten haben die Israelitinnen und Israeliten zu der Zeit von Mose harte Sklavenarbeit leisten müssen. Sobald sie frei geworden sind, haben sie es sich zur festen Regel gemacht, am Sabbat nicht zu arbeiten. Der Sabbat ist ein schöner Tag, an dem sich die Menschen über Gott freuen, und darüber, dass sie in Freiheit leben dürfen.

Zu der Zeit von Jesus gibt es unter den Jüdinnen und Juden Menschen, die sich strengen frommen Gruppen anschließen. Diese fordern, dass jeder die strengen Regeln für den Sabbat genau einhält. Wenn jemand gegen die Regeln verstößt, kann er oder sie hart bestraft werden.

Jesus zeigt den Menschen, dass der Sabbat ein schöner Ruhetag ist, den die Menschen genießen dürfen. Er macht auch am Sabbat Menschen gesund und heil. Das ist für ihn wichtiger, als die Sabbat-Regeln einzuhalten, wenn Menschen dringend Hilfe brauchen.
Er zeigt damit, dass der Sabbat ein Tag der Befreiung ist.

Jesus will den Menschen den richtigen Stellenwert der Dinge zeigen: Der Mensch ist wichtiger als solche Regeln, die die Menschen daran hindern, heil zu sein. Und das Wichtigste ist, dass die Menschen Gott wieder neu vertrauen können. Die Menschen sollen Gottes Liebe zu ihnen wieder neu entdecken.

Wenn am Sabbat jemand geheilt wird, dann wächst das Vertrauen der Menschen zu Gott.

Für Christinnen und Christen ist der Sonntag dieser besondere Tag. Sie feiern, dass Jesus Christus auferstanden ist. Am ersten Tag der Woche, am Tag nach dem Sabbat, begegnen die Jüngerinnen und Jünger zum ersten Mal dem auferstandenen Jesus.

Sadduzäer

Die Sadduzäer sind eine Gruppe von frommen Juden, die zu der Zeit von Jesus leben. Sie versuchen, sich streng nach den Worten des Gesetzes auszurichten. Sie halten sich an das geschriebene Wort Gottes und lehnen die mündlich weitergegebene Auslegung der Heiligen Schrift ab. Damit wollen sie die jüdische Religion vor fremden Einflüssen bewahren.
Sie kommen vor allem aus wohlhabenden und einflussreichen Familien und wollen mit den Herrschern gut auskommen. Deshalb sind sie bei den einfachen Leuten nicht sehr beliebt.
Da Jesus auf der Seite der Schwachen steht und das jüdische Gesetz menschenfreundlich auslegt, können sowohl Sadduzäer wie auch Pharisäer Jesus nicht anerkennen.

Salome

Der Evangelist Markus erzählt, dass Salome gemeinsam mit anderen Frauen in der Nähe des Kreuzes, an dem Jesus stirbt, steht. Mit den anderen Frauen geht sie dann auch zum Grab von Jesus, um seinen toten Körper zu salben.

Nachzulesen in Markus 15,40; 16,1.

Samaria

Samaria heißt zu der Zeit von Jesus die Hauptstadt jenes Teils von Israel, der nördlich von Judäa liegt. Dieser Landesteil zwischen Judäa im Süden und Galiläa im Norden wird ebenfalls Samaria oder Samarien genannt. Der schnellste Weg vom See Gennesaret nach Jerusalem führt Jesus – nach dem Evangelium des Johannes – durch Samaria.

S

Samariter und Samariterinnen

Die Bewohner von Samaria werden Samariter und Samariterinnen genannt. Ihr Glaube unterscheidet sich an wichtigen Punkten von dem Glauben des jüdischen Volkes. Samariterinnen und Samariter glauben nicht daran, dass Gott im Tempel in Jerusalem wohnt. Sie beten Gott auf dem Berg Garizim an, der in Samaria liegt. Für sie gelten nur die fünf Bücher des Mose, das sind die ersten fünf Bücher des Alten Testaments. Die anderen Schriften des jüdischen Glaubens sind für sie nicht wichtig. Für viele fromme Jüdinnen und Juden haben die Samariterinnen und Samariter daher nicht den richtigen Glauben. Ebenso denken Samariter und Samariterinnen, dass Jüdinnen und Juden den falschen Glauben haben. Deshalb gibt es zwischen ihnen Spannungen und Feindschaft.

Schau auch unter Samaria nach.

Schriftgelehrte
Schau unter Sadduzäer nach.

Schriftrolle

Der kostbarste Schatz, den die Jüdinnen und Juden in ihren Synagogen aufbewahren, ist die Tora-Rolle. Auf diesen Schriftrollen sind die ersten fünf Bücher der Bibel, die Bücher des Mose, geschrieben.
Der Text dieser Schriftrollen darf nur auf Papyrus geschrieben werden und muss absolut fehlerfrei sein, denn es darf kein Buchstabe und kein Wort der Tora verloren gehen. Eine Rolle der Tora ist ca. 24 Meter lang und auf zwei Stäben aufgerollt. Sie wird im Toraschrein, einem besonders verzierten Kasten, aufbewahrt.
Bevor im Gottesdienst aus ihr vorgelesen wird, wird sie in der Synagoge feierlich umhergetragen. Dabei danken die Menschen Gott für das Geschenk der Tora und besingen seine Güte.

Schau auch unter Bibel nach.

See Gennesaret

Im Osten von Galiläa, etwa 200 Meter unter dem Meeresspiegel, liegt der See Gennesaret. Das Befahren des Sees ist gefährlich, weil Stürme hier plötzlich und unerwartet aufkommen.
Der See Gennesaret ist der einzige Süßwassersee im Nahen Osten. Er sichert das Trinkwasser der Menschen in Palästina und ernährt sie durch seinen Fischreichtum. Deshalb wird er auch „das Meer von Galiläa" genannt.

Am See arbeiten Fischer, Handwerker und Händler. Mehrere Jünger von Jesus leben

S

hier als Fischer, so auch Simon Petrus mit seiner Familie. Eine von den Frauen um Jesus, Maria von Magdala, stammt ebenfalls aus dieser Gegend.
Jesus selbst hält sich oft in der Stadt Kafarnaum im Norden des Sees auf. Auch die Erzählung, wie Jesus den Seesturm beruhigt, spielt auf diesem See.

Gott kommen das Leben und die Liebe. Wenn die Menschen um Gottes Segen bitten, dann wünschen sie sich Gutes von Gott. Sie wünschen sich, mehr lieben zu können. Sie wünschen sich Schutz vor Krankheit und Gefahr. Sie wünschen sich Gelingen, wenn sie sich für andere einsetzen und Gutes tun. Daher ist es auch schön, wenn die Menschen für den Segen Gottes danken. Die Menschen sollen sich auch gegenseitig segnen und so einander den Segen Gottes wünschen.

Segen

Segnen heißt: jemandem etwas Gutes wünschen. Von Gott kommt ganz viel Gutes. Von

Simon Kananäus

Simon gehört zu den Freunden und Jüngern von Jesus. Sein Beiname Kananäus zeigt möglicherweise, dass er aus einer Familie stammt, die schon vor der Zeit, vor der das Land Palästina genannt wurde, dort gelebt hat. Vorher hat das Land Kanaan geheißen. Das Wort Kananäer könnte aber übersetzt auch „Kaufmann" bedeuten.

Simon Petrus

Simon ist einer der Freunde und Jünger von Jesus. Er kommt wie sein Bruder Andreas und wie Philippus aus Betsaida, einer Stadt am Nordostufer des Sees Gennesaret. Sein Vater wird von Jesus in den Evangelien einmal Jona (Simon Barjona bedeutet: Simon, Sohn des Jona) und einmal Johannes (Simon, Sohn des Johannes) genannt.

Jesus ruft ihn gemeinsam mit seinem Bruder Andreas in seine Nachfolge. Simon verlässt sein Fischerboot und folgt Jesus. Jesus gibt ihm den Beinamen Petrus. Petrus bedeutet Fels. In der Sprache von Jesus heißt das Wort Fels: Kepha. Über Simon Petrus berichten uns die Evangelisten sehr viel. Er ist verheiratet, und Jesus heilt die Mutter seiner Frau. Simon Petrus ist immer bei Jesus, auch wenn Jesus manchmal einige seiner Jünger nicht mit sich nimmt.

Nachzulesen in Markus 5,37; 9,2; 14,33.

Kurz bevor Jesus stirbt, leugnet Simon Petrus, dass er ihn kennt, weil er Angst hat, auch verhaftet zu werden. Trotzdem ist er eine sehr wichtige Person für die ersten Christinnen und Christen und steht in der Reihe der Apostel an erster Stelle. Für katholische Christinnen und Christen ist der Papst der Nachfolger des Petrus.

Sohn Davids

Der Evangelist Markus berichtet, dass der blinde Bettler Bartimäus Jesus mit dem Namen: „Sohn Davids!" ruft.

Nachzulesen in Markus 10,47.

Er erinnert damit an die Hoffnung des jüdischen Volkes auf den Messias und Retter, der aus der Familie von König David stammt. Der Messias wird das Volk Israel befreien. Und Bartimäus vertraut fest darauf, dass Jesus ihn von seiner Blindheit befreien wird.

Sohn Gottes

Im zweiten Buch Samuel im Alten Testament verspricht Gott dem König David, dass seine Nachfolger immer Könige in Israel sein werden. Gott sagt, dass er zu Davids Sohn Salomo wie ein Vater sein wird.

Nachzulesen im 2. Buch Samuel 7,13.

Die ersten Christinnen und Christen nennen Jesus den Sohn Gottes. Jesus sagt das nie von sich selbst, aber er redet Gott mit „Vater" an.

Die Evangelisten Markus, Matthäus und Lukas erzählen, wie Gott selbst Jesus bei der Taufe seinen Sohn nennt:

„Du bist mein geliebter Sohn, an dir habe ich Gefallen gefunden"

Markus 1,11.

Nachzulesen in Matthäus 3,17; Lukas 3,22.

Stamm

Ein Volks-Stamm besteht aus mehreren Familien, die alle miteinander verwandt sind. Das Volk Israel ist in zwölf Stämme gegliedert. Sie nennen sich nach den zwölf Söhnen von Jakob:
Ruben – Simeon – Levi – Juda – Issachar – Sebulon – Josef, von dem die Stämme Efraim und Manasse kommen – Benjamin – Dan – Naftali – Gad - Ascher.

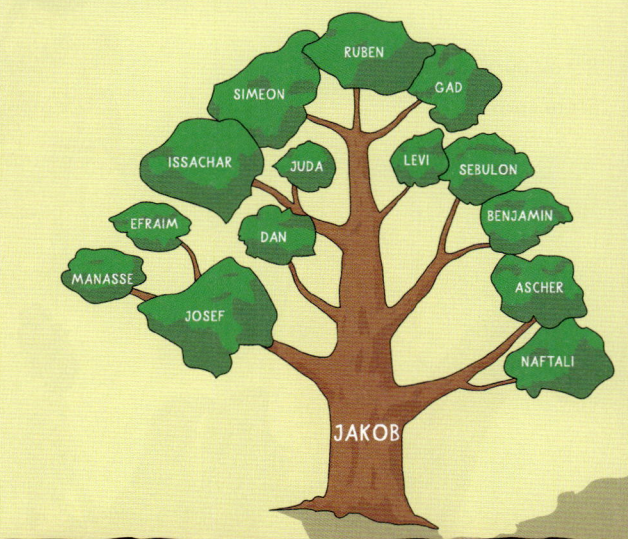

Stern

Der Evangelist Matthäus erzählt von Sterndeutern, die aus dem Osten kommen. Sie sagen: „Wir haben seinen Stern gesehen." Auch heute leben Sternforscherinnen und -forscher, genannt Astrominnen und Astronomen. Sie vermuten, dass es zur Zeit der Geburt von Jesus eine besondere Lage von Sternen am Himmel gab. Dadurch fiel ein besonders helles Licht auf die Erde. Der Stern in der Erzählung von Matthäus führt die Sterndeuter zu dem neu geborenen Jesus. Der Stern zeigt uns, dass Gott alle Menschen zu Jesus führen will. Durch den Stern erscheint mitten in der Nacht ein helles Licht. Das bedeutet auch für uns heute, dass es im Leben von Menschen hell wird, wenn Gott zu ihnen kommt. Durch Jesus wächst die Hoffnung auf Rettung. Menschen müssen nicht mehr verzweifeln. Daran erinnern wir uns bei jedem Stern, den wir zur Weihnachtszeit als Weihnachtsschmuck sehen.

Sterndeuter

Der Evangelist Matthäus erzählt von Sterndeutern, die nach der Geburt von Jesus aus fernen Ländern im Osten zu ihm kommen. Er bezeichnet damit weise Männer mit besonderem Wissen. Die Sterndeuter erzählen, dass sie einem Stern gefolgt sind, der am Himmel vor ihnen her gezogen ist und sie zu Jesus hingeführt hat. Der Evangelist Matthäus will damit sagen, dass Gott alle Menschen zu Jesus führen will, und dass Jesus für alle Menschen in die Welt gekommen ist, auch wenn sie nicht zum jüdischen Volk gehören. Die Männer bringen Jesus, nach der Erzählung des Evangelisten Matthäus, drei Geschenke: Gold, Weihrauch und Myrrhe.

Nachzulesen in Matthäus 2,1-12.

Deshalb sprechen wir heute noch davon, dass damals „drei Weise" zu Jesus kamen. Im Alten Testament erwähnt der Prophet Jesaja Könige anderer Völker, die nach Jerusalem kommen, um Gottes Licht zu sehen. Daher sprechen wir heute auch von den „Heiligen Drei Königen".

Nachzulesen im Buch des Jesaja 60,3 und auch im Psalm 72,10.

Die Namen – Kaspar, Melchior, Balthasar - bekommen sie erst im 9. Jahrhundert nach Christus.

Schau auch unter Stern nach.

Synagoge

Den Versammlungsraum jüdischer Gemeinden nennt man mit dem griechischen Wort Synagoge, das heißt: Zusammenkunft. Hier kommen die Männer zum Gebet zusammen und feiern Gottesdienst. In einem kostbaren Schrein werden die Schriftrollen mit den fünf Büchern Mose, die Tora genannt werden, aufbewahrt. Aus ihnen wird beim Gottesdienst vorgelesen.
Neben der Synagoge gibt es eine Art Schule, wo die Jungen Lesen, Schreiben und aus der Heiligen Schrift lernen.

Synopse

Das Wort Synopse stammt aus der griechischen Sprache und heißt soviel wie „zusammenschauen". Die Evangelisten Markus, Matthäus und Lukas erzählen manche Geschichten in ihren Evangelien sehr ähnlich. Trotzdem unterscheiden sich ihre Geschichten auch ein wenig, weil jeder von ihnen für andere Leserinnen und Leser schreibt.

Man kann diese Geschichten nebeneinander stellen und sie gut miteinander vergleichen. Die drei Evangelisten Markus, Matthäus und Lukas nennt man aufgrund ihrer ähnlichen Erzählungen Synoptiker.

Schau auch unter Synoptischer Vergleich nach.

Synoptischer Vergleich

Die Evangelisten Markus, Matthäus und Lukas erzählen alle davon, dass Jesus Blinde heilt. Die Heilung geschieht unterwegs, während Jesus und seine Freunde und Freundinnen hinauf nach Jerusalem gehen.

Jeder Evangelist erzählt die Geschichte ein bisschen anders.

Versuche, die Unterschiede herauszufinden!

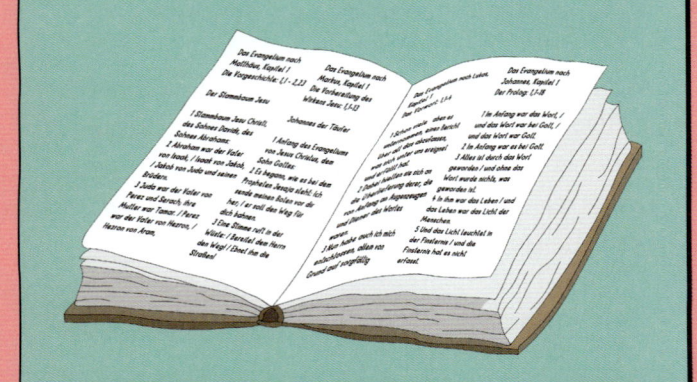

Markus 10,46-52

46 Sie kamen nach Jericho. Als er mit seinen Jüngern und einer großen Menschenmenge Jericho wieder verließ, saß an der Straße ein blinder Bettler, Bartimäus, der Sohn des Timäus.
47 Sobald er hörte, dass es Jesus von Nazaret war, rief er laut: Sohn Davids, Jesus, hab Erbarmen mit mir!

48 Viele wurden ärgerlich und befahlen ihm zu schweigen. Er aber schrie noch viel lauter: Sohn Davids, hab Erbarmen mit mir!

49 Jesus blieb stehen und sagte: Ruft ihn her! Sie riefen den Blinden und sagten zu ihm: Hab nur Mut, steh auf, er ruft dich.
50 Da warf er seinen Mantel weg, sprang auf und lief auf Jesus zu.
51 Und Jesus fragte ihn: Was soll ich dir tun?

Der Blinde antwortete: Rabbuni, ich möchte wieder sehen können.

52 Da sagte Jesus zu ihm: Geh! Dein Glaube hat dir geholfen. Im gleichen Augenblick konnte er wieder sehen, und er folgte Jesus auf seinem Weg.

Matthäus 20,29-34

29 Als sie Jericho verließen, folgte ihm eine große Zahl von Menschen.
30 An der Straße aber saßen zwei Blinde, und als sie hörten, dass Jesus vorbeikam, riefen sie laut:

Herr, Sohn Davids, hab Erbarmen mit uns!

31 Die Leute aber wurden ärgerlich und befahlen ihnen zu schweigen. Sie aber schrien noch lauter: Herr, Sohn Davids, hab Erbarmen mit uns!

32 Jesus blieb stehen, rief sie zu sich und sagte:

Was soll ich euch tun?

33 Sie antworteten: Herr, wir möchten, dass unsere Augen geöffnet werden.

34 Da hatte Jesus Mitleid mit ihnen und berührte ihre Augen. Im gleichen Augenblick konnten sie wieder sehen, und sie folgten ihm.

Lukas 18,35-43

35 Als Jesus in die Nähe von Jericho kam, saß ein Blinder an der Straße und bettelte.
36 Er hörte, dass viele Menschen vorbeigingen, und fragte: Was hat das zu bedeuten?
37 Man sagte ihm: Jesus von Nazaret geht vorüber.
38 Da rief er: Jesus, Sohn Davids, hab Erbarmen mit mir!

39 Die Leute, die vorausgingen, wurden ärgerlich und befahlen ihm zu schweigen. Er aber schrie noch viel lauter: Sohn Davids, hab Erbarmen mit mir!

40 Jesus blieb stehen und ließ ihn zu sich herführen. Als der Mann vor ihm stand, fragte ihn Jesus:

41 Was soll ich dir tun?

Er antwortete: Herr, ich möchte wieder sehen können.

42 Da sagte Jesus zu ihm: Du sollst wieder sehen. Dein Glaube hat dir geholfen.
43 Im gleichen Augenblick konnte er wieder sehen. Da pries er Gott und folgte Jesus. Und alle Leute, die das gesehen hatten, lobten Gott.

Taufe

Die Taufe ist ein Zeichen dafür, dass etwas abgewaschen wird: Der Getaufte taucht wie ein neuer Mensch aus dem Wasser auf. Das ist auch ein Symbol für Tod und Auferstehung.

Wenn heute Kinder und Erwachsene getauft werden, dann wird ihnen dadurch gezeigt, dass sie jetzt zur großen Familie Gottes gehören.

Taufe von Jesus Christus

Zu Johannes kommen viele Menschen, die spüren, dass sie in ihrem Leben etwas verkehrt gemacht haben. Sie wollen „um"-kehren. Mit der Taufe wollen sie zeigen: Das Alte lasse ich jetzt abwaschen, weil es mir leid tut. Ich beginne jetzt ein neues Leben.

Alle vier Evangelisten berichten davon, dass Jesus von Johannes dem Täufer im Jordan getauft wird. Dabei taucht Johannes Jesus im Wasser des Flusses unter.
Jeder von ihnen erzählt die Geschichte ein wenig anders. Der Evangelist Markus erzählt sehr kurz davon. Der Evangelist Lukas berichtet von einzelnen Personen, die zu Johannes kommen und fragen, was sie tun sollen.

Beim Evangelisten Matthäus finden wir ein kurzes Gespräch zwischen Johannes dem Täufer und Jesus. Johannes will Jesus nicht taufen, sondern er will von ihm getauft werden. Jesus muss Johannes erst davon überzeugen, dass es richtig ist, wenn Johannes ihn tauft.

Nachzulesen in Markus 1,9-11; Matthäus 3,13-17; Lukas 3,21-22.

Der Evangelist Johannes lässt Johannes den Täufer berichten, was er nach der Taufe sieht:
„Ich sah, dass der Geist vom Himmel herabkam wie eine Taube und auf ihm blieb ...
Er ist Gottes Sohn." Johannes 1,31-33.

Jeder der vier Evangelisten berichtet anders über die Taufe von Jesus. Jedem sind andere Dinge wichtig. Sie berichten für jeweils andere Zuhörerinnen und Zuhörer. Allen vier Berichten ist gemeinsam, dass sie erzählen wollen, wer dieser Jesus ist. In diesem Menschen Jesus, der sich wie alle anderen taufen lässt, ist Gott uns Menschen in ganz besonderer Art und Weise nahe gekommen.

Tempel

Zum Tempel in Jerusalem kommen die Jüdinnen und Juden zu der Zeit von Jesus, um zu beten. Sie glauben, dass Gott hier wohnt. Besonders zu den großen Festen, zum Paschafest, zum Pfingstfest (Pfingsten) und zum Laubhüttenfest kommen viele Menschen aus dem ganzen Land.
Der Tempel besteht aus drei Teilen: der Vorhalle, dem Heiligtum und dem Allerheiligsten. Den Raum, in dem Juden und Jüdinnen sich Gottes Wohnung vorstellen, nennen sie Allerheiligstes. Im Raum davor steht der Rauchopferaltar. Hier wird jeden Tag der Weihrauch angezündet. Vor diesen beiden Räumen gibt es einen Vorhof.
Alle vier Evangelisten erzählen, dass Jesus die Verkäufer von hier vertreibt, damit die Menschen in Ruhe beten können.

Nachzulesen in Markus 11,15-19;
Matthäus 21,12-17; Lukas 19,45-48; Johannes 2,13-16.

T

Der erste Tempel wird unter König Salomo gebaut. Hier wird die Bundeslade mit den Gesetzestafeln des Mose im Allerheiligsten aufbewahrt. Der Überlieferung nach hat die Bundeslade die Israelitinnen und Israeliten auf ihrem langen Weg durch die Wüste begleitet. Die Bundeslade sieht aus wie ein besonders schön verzierter Kasten, der von mehreren Männern getragen werden kann.

Der babylonische König Nebukadnezar erobert im Jahr 587 vor Christus Jerusalem und zerstört den Tempel. Als die Bewohnerinnen und Bewohner Jerusalems aus der Gefangenschaft in Babylon zurückkehren, wird er wieder aufgebaut. Unter König Herodes wird der Tempel erneuert und vergrößert. 70 Jahre nach der Geburt von Jesus wird der Tempel von den Römern völlig zerstört.

Nur die Westmauer, ein Stück einer Stützmauer des früheren Tempelplatzes, bleibt bis heute bestehen. Diese Mauer nennen die Juden in ihrer hebräischen Sprache „Kotel", das heißt „Mauer". Dorthin kommen heute noch viele Jüdinnen und Juden, um ihre Bitten und ihre Klagen vor Gott zu bringen, weshalb sie auch „Klagemauer" genannt wird.

Tempeldienst

Die Menschen kommen zum Tempel, um zu Gott zu beten und ihm zu opfern. Die Priester haben die Aufgabe, den Menschen dabei zu helfen. Sie zünden für sie morgens und abends das Rauchopfer an und feiern so mit ihnen Gottesdienst.

das Gebet wichtiger sein soll als das Geschäftemachen.

Schau auch unter Händler im Tempel und unter Tempel nach.

Tempelgeld

Wer in den Tempel geht, um zu beten, muss Tempelsteuer zahlen.
Dies darf aber nicht mit dem gewöhnlichen Geld geschehen. Das Geld, das im Tempel gespendet wird, muss ein besonderes Geld sein: alte hebräische Münzen, die nicht mehr verwendet werden. Dazu gibt es im Tempel Geldwechsler. Das Geld wird für Opfer, die zur Ehre Gottes dargebracht werden, verwendet.
Die Evangelisten berichten, dass Jesus über die Geldwechsler im Tempel sehr wütend wird und ihre Tische umwirft, weil im Tempel

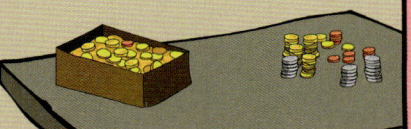

Thaddäus

Thaddäus ist einer von jenen Jüngern und Freunden von Jesus, von denen nur Namen in den Evangelien genannt werden, über die aber sonst nichts berichtet wird.

Thomas

Thomas ist ein Freund und Jünger von Jesus. Sein Name bedeutet Zwilling. Der

T

Evangelist Johannes berichtet, dass Thomas ganz davon überzeugt sein will, dass Jesus wirklich auferstanden ist. Thomas will ihn sehen und berühren.

Nachzulesen in Johannes 20,24-29.

Deshalb nennen die Menschen heute jemanden, der etwas nicht glauben kann, einen „ungläubigen Thomas".

Tiberias

Tiberias liegt am Westufer des Sees Gennesaret. Die Stadt wird von Herodes Antipas erbaut und zur neuen Hauptstadt von Galiläa gemacht. Die Evangelisten berichten nichts darüber, dass Jesus diese Stadt je aufsucht.

Tod

Der Tod bedeutet das Ende für alles menschliche Leben. Auch Jesus stirbt und ist tot. Doch Gott erweckt Jesus zu neuem Leben. Er ist auferstanden und er lebt, glauben und verkünden die ersten Christinnen und Christen. Sie haben die Hoffnung, dass Gott stärker ist als der Tod. Sie glauben, dass Jesus den Tod besiegt hat. Diese Hoffnung gilt seit damals für alle Menschen: Jesus lebt, und so ist der Tod nicht das Letzte im Leben. Es gibt die Hoffnung auf Auferstehung für alle Menschen. Nicht der Tod und die Gewalt haben das letzte Wort, sondern

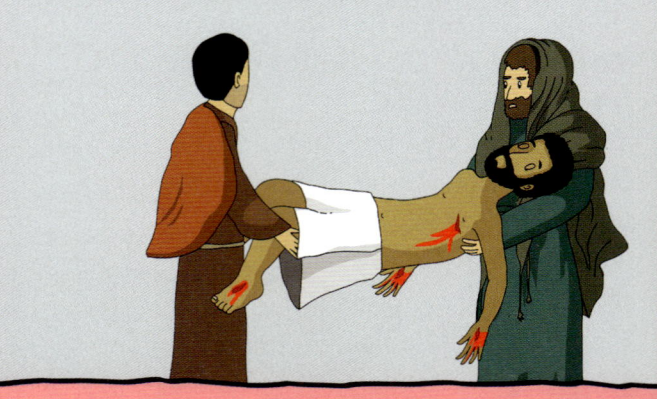

Gottes Liebe, die Leben spendet. In Gottes Hände sterben alle Menschen.

Tora
Schau unter Schriftrolle nach.

Umkehr
Schau unter Buße nach.

Ungesäuerte Brote

Als das Volk Israel aus Ägypten auszieht, muss es sich sehr schnell auf die große Reise vorbereiten. Es hat keine Zeit, den Teig sauer werden zu lassen. Sauerteig ist ein Mittel, um den Brotteig besonders locker zu machen. Für das letzte Essen vor der Reise

müssen die Israelitinnen und Israeliten deswegen ungesäuerte Brote backen. Deshalb heißt das Paschafest auch das „Fest der ungesäuerten Brote". Dabei erinnern sich die Jüdinnen und Juden an die Befreiung aus der Sklaverei und den Auszug aus Ägypten.

Schau auch unter Abendmahl und Paschafest nach.

Vater unser

Das Gebet, wie es heute in vielen Kirchen gebetet wird:

Vater unser im Himmel,
geheiligt werde dein Name.
Dein Reich komme,
dein Wille geschehe,
wie im Himmel so auf Erden.

V

Unser tägliches Brot gib uns heute und vergib uns unsere Schuld, wie auch wir vergeben unseren Schuldigern. Und führe uns nicht in Versuchung, sondern erlöse uns von dem Bösen. Denn dein ist das Reich und die Kraft und die Herrlichkeit in Ewigkeit. Amen

Verleugnung

Als Jesus verhaftet wird, folgt ihm Simon Petrus zum Haus des Hohenpriesters. Dort wird er von einigen Menschen erkannt. Sie meinen, ihn mit Jesus gesehen zu haben. Petrus hat Angst und leugnet dreimal, dass er zu Jesus gehört.

Die ersten Christinnen und Christen werden oft von anderen Menschen verfolgt. Man bedroht sie mit schweren Strafen. Wenn sie aber Jesus Christus verleugnen, wenn sie also sagen, dass sie nicht zu ihm gehören, dann bleiben sie straffrei.

Verkäufer im Tempel

Schau unter Geldwechsler und Händler im Tempel nach.

Danach quält sie oft der Gedanke, einen großen Fehler begangen zu haben: Jesus zu verleugnen, um ihr eigenes Leben zu retten. Die Evangelisten erzählen die Geschichte von Petrus, die unter den ersten Christinnen und Christen bekannt ist. Jemand, der diesen Fehler macht und aus Angst sagt, dass er nicht zu Jesus Christus gehört, darf darauf vertrauen, dass ihm Jesus verzeiht.

Nachzulesen in Markus 14,54 und 66-72; Matthäus 26,58 und 69-75; Lukas 22,54-62; Johannes 18,15-23 und 56-62.

Verlobung

Die Evangelisten Matthäus und Lukas erzählen, dass Maria und Josef miteinander verlobt sind. Sie haben sich gegenseitig versprochen, dass sie einmal heiraten werden. Noch ist es nicht so weit. Beide warten auf die Hochzeit. Bis dahin leben sie nicht zusammen. Es ist auch nicht üblich, dass beide allein zusammen sind, bevor sie heiraten.

Verrat an Jesus Christus

Zu der Zeit von Jesus ist das Land Israel von den Römern besetzt. Eine fremde Macht herrscht dadurch über das Land.

Es gibt viele Menschen, die sich gerne dagegen wehren würden. Aber jemand, der sich wehrt, ist gefährlich. Es könnte eine große Unruhe entstehen, ein Aufstand. Das muss verhindert werden.

Als Jesus immer mehr Einfluss beim Volk gewinnt, denken die Priester, dass er vielleicht einen Aufstand anzetteln will. Auf jeden

V

Fall können sie nicht akzeptieren, wie Jesus über Gott und den Tempel redet. Sie denken, er beleidigt Gott, und wollen ihn töten.

Dafür brauchen sie jemanden, der ihnen sagt, wo Jesus ist. Judas ist bereit dazu. Er verrät Jesus und zeigt den Soldaten, wo sie ihn finden können. Hinterher tut ihm das sehr leid.

Schau auch unter Judas Iskariot nach.

Volksmenge

Immer wieder erzählen die Evangelisten von der Volksmenge. Das ist eine Gruppe von vielen Menschen, die zusammenkommen, wenn etwas Besonderes geschieht.
Als Jesus in Jerusalem einzieht, begrüßt ihn so eine Volksmenge mit dem Ruf: "Hosanna!". In dieser Volksmenge sind auch Besucherinnen und Besucher, die wie Jesus und seine Freunde und Freundinnen gerade in Jerusalem ankommen. Sie kommen aus dem ganzen Land, aus Judäa und Galiläa.

Als Pontius Pilatus bei der Gerichtsverhandlung die Volksmenge fragt, was er mit Jesus tun soll, schreien die Menschen: "Kreuzige *ihn!"*. Das können Menschen sein, die gerade in der Nähe sind: Einwohnerinnen und Einwohner Jerusalems, aber auch Besucher und Besucherinnen.

Volkszählung

Der Evangelist Lukas erzählt, dass der römische Kaiser Augustus sein Volk zählen will. Volkszählungen gibt es unter der Herrschaft der Römer. Der Herrscher kann mit einer Volkszählung feststellen, wie viele Frauen und Männer in seinem Land leben, und wie alt sie sind. Er weiß, wie viel Geld er durch Steuern bekommen kann, oder wie viele Männer ihm als Soldaten zur Verfügung stehen.
Für eine solche Zählung müssen die Menschen in ihre Geburtsorte reisen.

Schau auch unter Kaiser Augustus nach.

Vorsteher

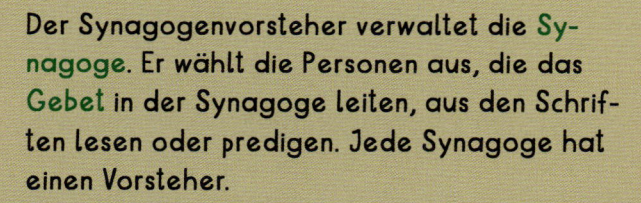

Der Synagogenvorsteher verwaltet die Synagoge. Er wählt die Personen aus, die das Gebet in der Synagoge leiten, aus den Schriften lesen oder predigen. Jede Synagoge hat einen Vorsteher.

Wasser
Schau unter Brunnen nach.

Weihnachten

Zu Weihnachten feiern Christinnen und Christen die Geburt von Jesus. Das Wort Weihnachten besteht aus zwei Teilen: „Nacht" und „weihen".
Weihen heißt, dass etwas Gott gehört, oder ihm von Menschen geschenkt wird.

W

Deshalb bedeutet Weihnachten: Dies ist Gottes besondere Nacht. Mitten in der Nacht wird Jesus geboren. Mitten in dieser Nacht kommt Gott zu den Menschen. Wo es dunkel ist, oder wenn wir uns alleine fühlen und Angst haben, da ist Gott bei uns.

Die Geburt von Jesus wird seit dem Jahr 354 nach Christus am 25. Dezember gefeiert. Das Fest tritt an die Stelle des Geburtsfestes des „unbesiegbaren Sonnengottes", das im Römischen Reich zu Ehren des Sonnengottes gefeiert wurde.
Die Christinnen und Christen übernehmen dieses Datum und geben dem Fest eine neue Bedeutung: Jesus Christus ist die wahre Sonne, das wahre Licht der Welt, das die Dunkelheit der Welt erleuchtet.

Zu den letzten Stunden des Tages vor Weihnachten sagen Christinnen und Christen auch Heilige Nacht oder Heiliger Abend. Denn wenn etwas Gott gehört, nennt man es heilig.

Wir beginnen Weihnachten am Abend des 24. Dezember zu feiern, weil da die Heilige Nacht beginnt.

Die Adventzeit dauert vom 1. Adventsonntag bis zum 24. Dezember. In dieser Zeit bereiten sich die Christinnen und Christen auf das Weihnachtsfest vor und warten auf die Geburt von Jesus.

Die Weihnachtszeit dauert vom 25. Dezember, dem Geburtsfest von Jesus, bis zum Fest der Taufe von Jesus. Das ist der Sonntag nach dem 6. Januar. Am 6. Januar feiern wir das Fest der Erscheinung des Herrn, das auf Griechisch „Epiphanie" heißt.

Worte von Jesus am Kreuz

Wenn man die Erzählungen der Evangelisten zusammenfasst, dann spricht Jesus, als er am Kreuz hängt, sieben Sätze:
Bei den Evangelisten Markus und Matthäus sagt er nur einen Satz:
„Mein Gott, mein Gott, warum hast du mich verlassen?" Markus 15,34; Matthäus 27,46.

Der Evangelist Lukas überliefert folgende Sätze: Für die Menschen, die ihn kreuzigen, betet Jesus:
„Vater, vergib ihnen, denn sie wissen nicht, was sie tun!" Lukas 23,34.

Zu dem Verbrecher, der neben ihm gekreuzigt ist und der seinen Glauben an Jesus bekennt, sagt er:
„Amen, ich sage dir: Heute noch wirst du mit mir im Paradies sein." Lukas 23,43.

Er stirbt mit den Worten:

„Vater, in deine Hände befehle ich meinen Geist." Lukas 23,46.

Beim Evangelisten Johannes ist zu lesen, dass Maria, die Mutter von Jesus, und der Jünger Johannes unter dem Kreuz stehen. Zu Maria sagt Jesus:
„Frau, siehe, dein Sohn";
und zu Johannes sagt er:
„Siehe, deine Mutter!" Johannes 19,26.27.
Dann spricht er:
„Mich dürstet" Johannes 19,28.
und er stirbt mit den Worten:
„Es ist vollbracht!" Johannes 19,30.

Schau auch unter
Kreuzigung von Jesus
nach.

Zacharias

Der Evangelist Lukas erzählt von Zacharias, dem Vater von Johannes dem Täufer. Er ist einer der Priester, die im Tempel in Jerusalem für das Volk Israel Opfer darbringen. Er stammt aus der so genannten Priestergruppe des Abija. Dies ist die achte Gruppe von insgesamt 24. Jede Gruppe hat zweimal im Jahr für eine Woche Tempeldienst.
Das jüdische Volk hofft auf den Messias. Zacharias weiß das. Er weissagt in einem Lobgebet, dass Gott seinem Volk helfen wird, und dass sein Sohn Johannes für Jesus den Weg vorbereitet:

„Gelobt sei Gott, der Herr über Israel.
Er selbst kommt, um seinem Volk zu helfen.
Er sendet uns einen Retter aus dem Haus Davids.
Was uns die Propheten gesagt haben, trifft jetzt ein:
Gott rettet uns vor unseren Feinden.
Gott hält, was er versprochen hat,
damit wir nach seinem Willen leben können.
Unser Retter kommt bald auf die Welt.
Und du, mein Sohn, Johannes, wirst den Menschen sagen, dass Gott barmherzig ist und uns Frieden schenkt."

Nachzulesen in Lukas 1,68-79.

Zebedäus

Zebedäus ist der Vater von den beiden Jüngern von Jesus, Johannes und Jakobus. Er bleibt bei den Fischerbooten zurück, als seine beiden Söhne dem Ruf von Jesus folgen.

Zeit von Jesus

Jesus lebt vor etwa 2000 Jahren in Palästina. Zu dieser Zeit regieren die Römer im Land.
Die Menschen haben andere Sitten, Lebensumstände und Bräuche als heute. Sie wohnen anders als wir, in einfachen Häusern oder in Höhlen, in denen sie ihre Wohnung einrichten. Das Licht kommt von kleinen Öllampen. Wasser müssen sie sich vom Brunnen holen.
Reich sind damals nur Händler und Großgrundbesitzer. Viele arme Menschen müssen für wenig Geld auf den Äckern und in den Weinbergen der Reichen hart arbeiten. Die hohen Steuern an die Römer müssen aber alle bezahlen. Den Armen bleibt für ihr Leben fast kein Geld übrig. Genauso geht es den Fischern am See Gennesaret. Wenn diese Menschen krank werden, können sie sich keine Ärzte leisten. Ihre Toten bestatten die Menschen in Felsengräbern, Friedhöfe gibt es nicht. Das Reisen ist beschwerlicher als heute.
Frauen und Kinder haben in der Gesellschaft eine viel schlechtere Stellung als heute.

Die meisten Menschen in Palästina gehören zum Volk der Jüdinnen und Juden. Es leben aber auch Menschen im Land, die an verschiedene andere Götter glauben.

Z

Zeloten

Zeloten sind eine Gruppe von Menschen, die sich gegen die Besetzung Israels durch die Römer wehren.

Das Wort Zelot bedeutet „Eiferer", weil sich diese Menschen mit besonderem Eifer für Gott einsetzen wollen.

Zu den Zeloten gehören viele Pharisäer.

Sie wollen, dass Gott allein - und nicht irgendeine fremde Macht - der König in Israel ist. Sie kritisieren die Ungerechtigkeiten durch die hohen Steuern, die die Römer von ihnen fordern.

Der Evangelist Lukas sagt von Simon, einem Jünger von Jesus, dass er ein Zelot ist.

Z

NEU

GOLGOTA

NEUSTADT

UNTER-
STADT

PALAST DES HERODES

OBERSTADT

HAUS DES HANNAS

Landkarten

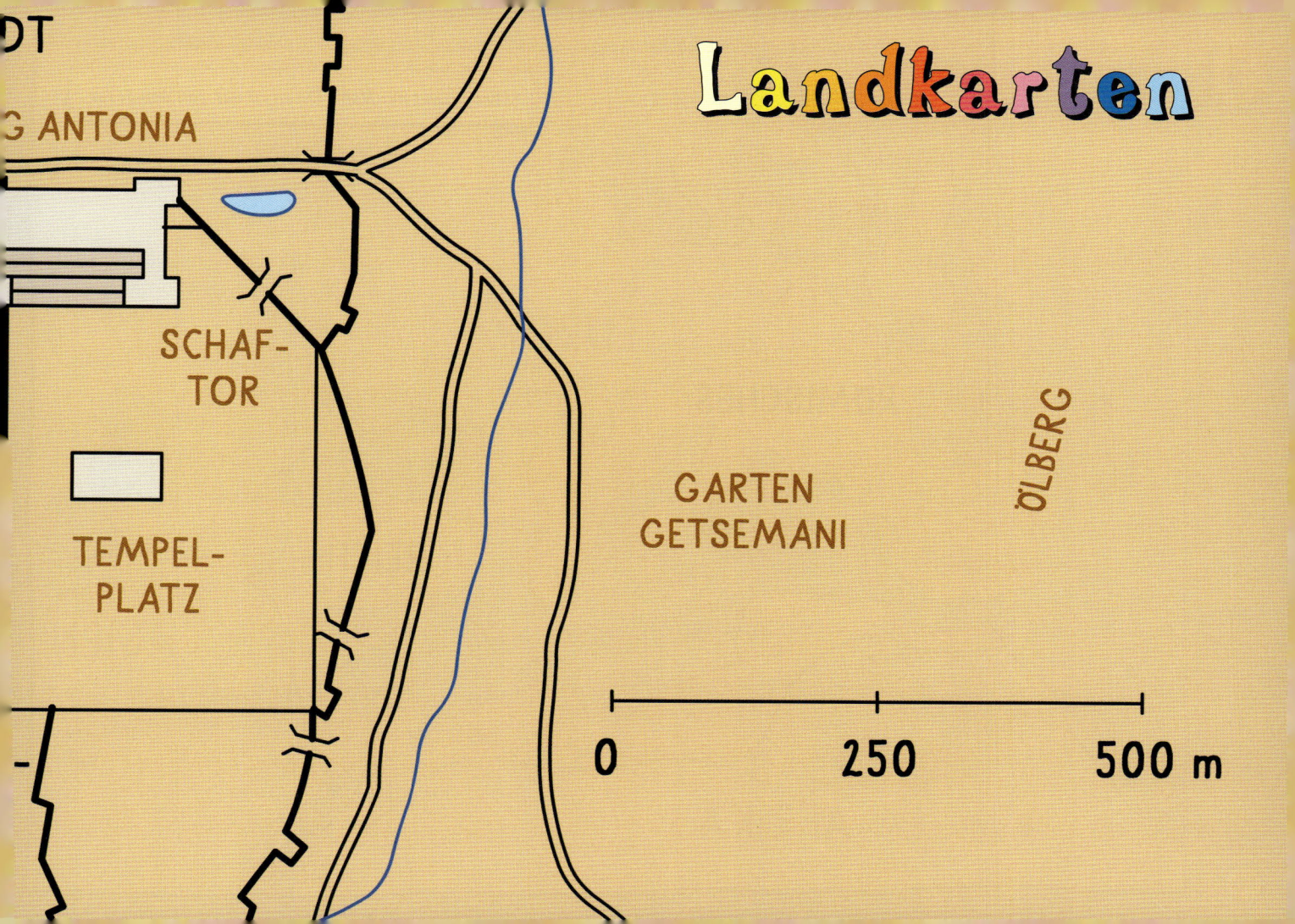

BURG ANTONIA

SCHAF-TOR

TEMPEL-PLATZ

GARTEN GETSEMANI

ÖLBERG

0   250   500 m

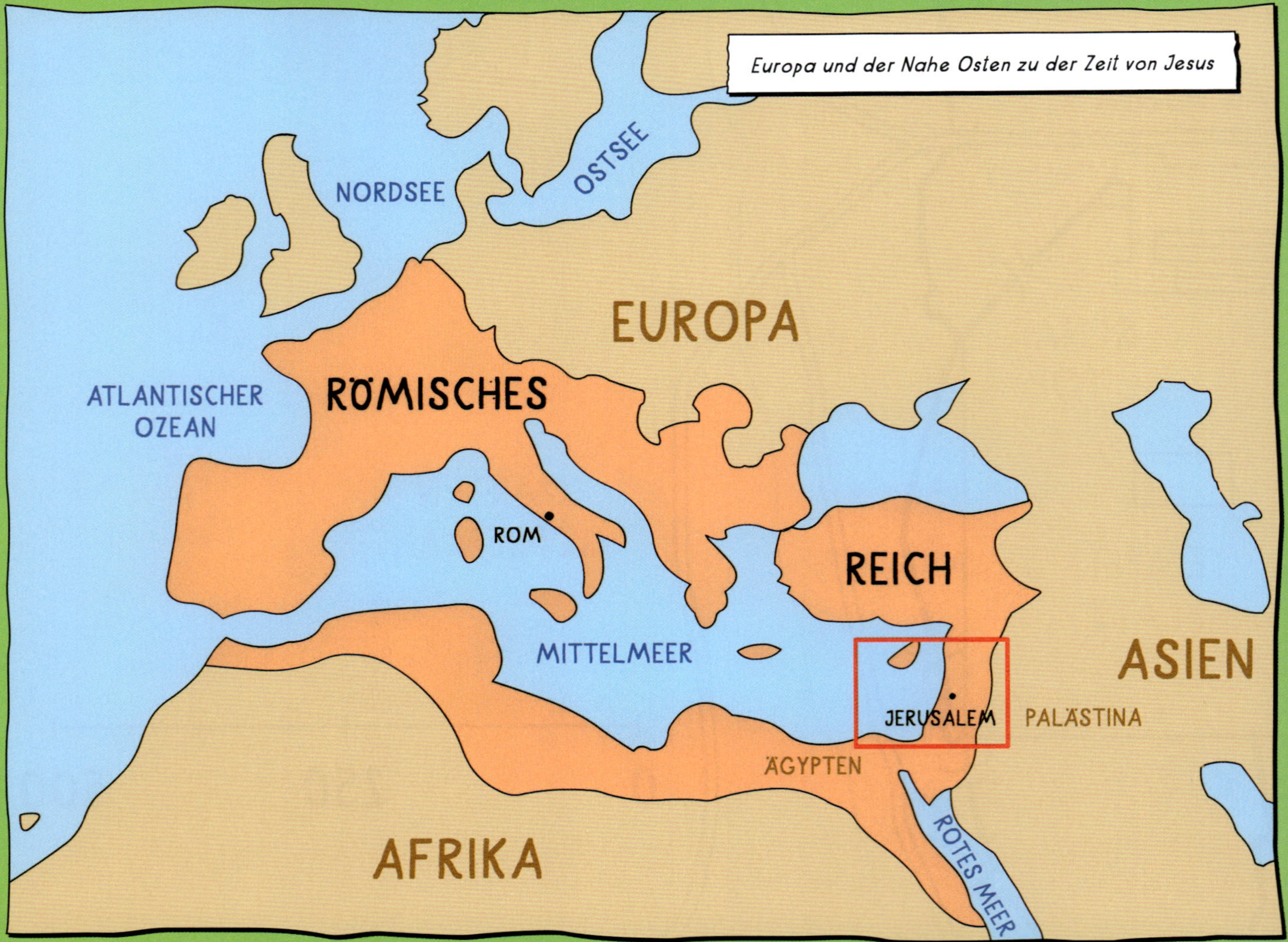
Europa und der Nahe Osten zu der Zeit von Jesus
NORDSEE
OSTSEE
EUROPA
ATLANTISCHER OZEAN
RÖMISCHES
REICH
ROM
MITTELMEER
ASIEN
JERUSALEM
PALÄSTINA
ÄGYPTEN
ROTES MEER
AFRIKA

Das Römische Reich

In der Zeit von Jesus sind die Römer die Weltherrscher. Sie haben alle Länder rund um das Mittelmeer erobert. Das Römische Reich erstreckt sich im Norden bis zur Donau, also bis in Teile des heutigen Österreichs und Deutschlands.

Rom ist die Hauptstadt dieses Reiches.

Wenn die Römer ein Land erobern, ernennen sie es zur römischen Provinz, und setzen einen römischen Statthalter ein, der sie verwaltet. Soldaten sorgen für Ruhe in den Provinzen und schauen, dass es keine Aufstände gibt.

In Rom herrscht der römische Kaiser, der sich als Herr über Leben und Tod seiner Untergebenen versteht. Später verehren ihn die Untertanen sogar als Gott. Auch das Land, in dem Jesus lebt, ist von den Römern besetzt, und wird Provinz Judäa genannt. Pontius Pilatus ist Statthalter, Herodes ist der von den Römern eingesetzte König in Judäa.
In größeren Städten leben die Soldaten in großen Militärlagern.
Das jüdische Volk ist über die Römer sehr verbittert und zornig.

Schau auch im Lexikon unter Israel, Politische Situation zu der Zeit von Jesus und Römer nach.

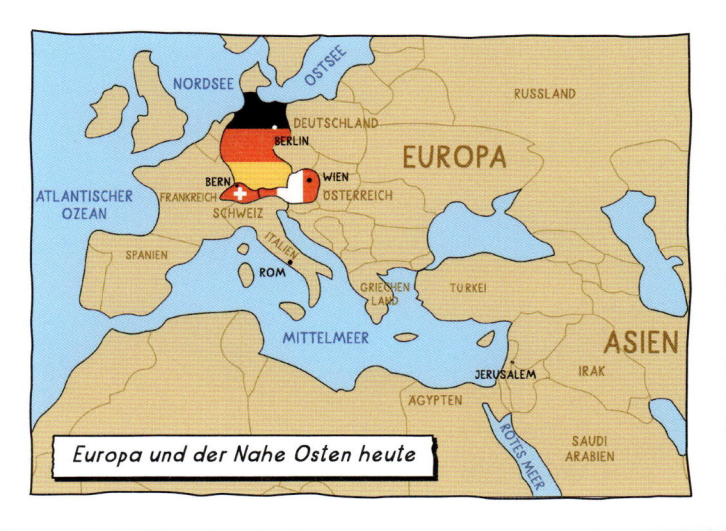

Europa und der Nahe Osten heute

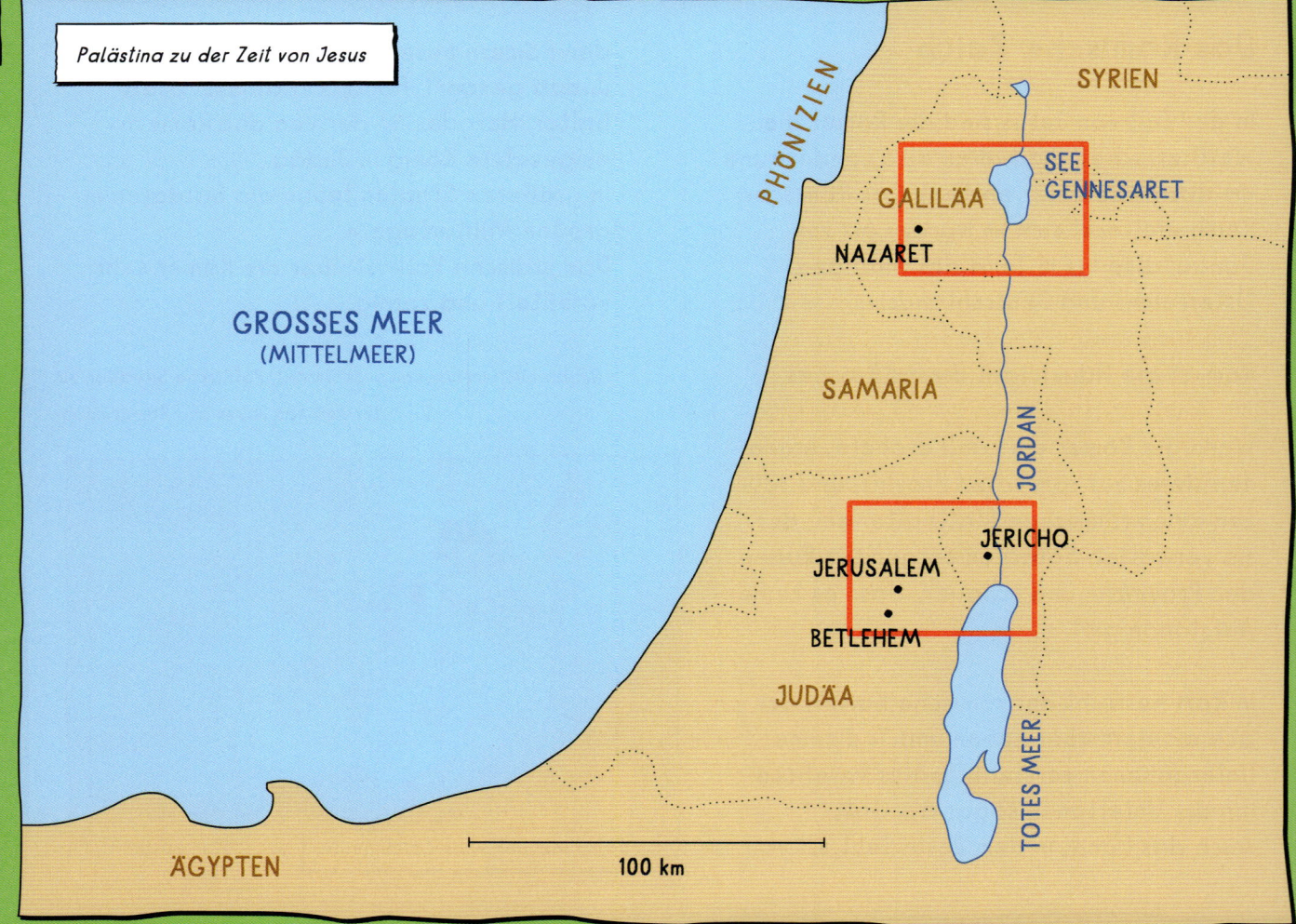

Palästina zu der Zeit von Jesus

PHÖNIZIEN
SYRIEN
GALILÄA
SEE GENNESARET
NAZARET
GROSSES MEER
(MITTELMEER)
SAMARIA
JORDAN
JERICHO
JERUSALEM
BETLEHEM
JUDÄA
TOTES MEER
ÄGYPTEN

100 km

Palästina

Gott hat das Volk Israel nach den Erzählungen des Alten Testaments in das Land Palästina geführt. Daher wird das Land auch Israel genannt. Ursprünglich heißt es Kanaan.
Zu der Zeit von Jesus ist dieses Land in drei Gebiete aufgeteilt: Judäa im Süden, Samaria in der Mitte und Galiläa im Norden.
In Judäa und in Galiläa wohnt das jüdische Volk.
Zwischen Judäa und Samaria gibt es Spannungen und Feindschaft, weil der Glaube deren Bewohnerinnen und Bewohner sich in wesentlichen Punkten unterscheidet. In den Augen vieler frommer Jüdinnen und Juden haben die Menschen aus Samaria nicht den richtigen Glauben. Ebenso denken die Samariterinnen und Samariter, dass der jüdische Glaube falsch ist.
Wenn Jesus von Galiläa nach Judäa und zurück geht, muss er immer durch Samaria, also durch ein für das jüdische Volk feindliches Gebiet.
Heute wird das ganze Gebiet des Landes Israel, von Judäa im Süden bis Galiläa im Norden, zu Palästina zusammengefasst. Durch Verschleppungen, Kriege und Vertreibungen leben die Jüdinnen und Juden bis heute verstreut über die ganze Welt. Viele Jüdinnen und Juden sind verfolgt und ermordet worden.
In Palästina gibt es seit dem Jahr 1947 wieder einen Staat, der Israel heißt.

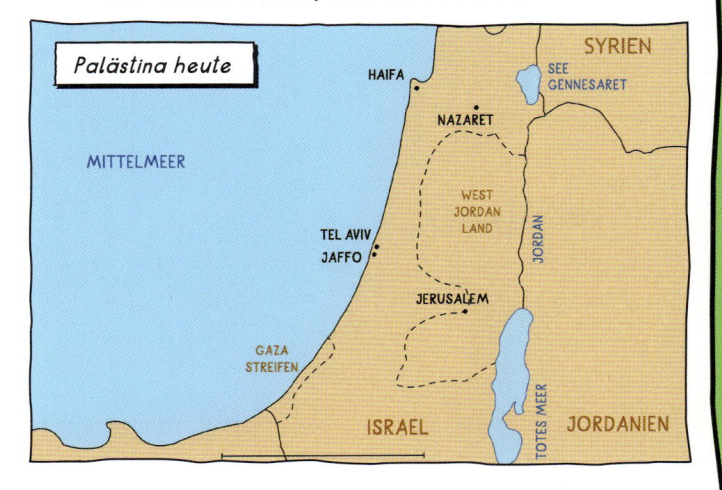

Galiläa zu der Zeit von Jesus

- SYRIEN
- GALILÄA
- KAFARNAUM
- BETSAIDA
- BERG der SELIGPREISUNGEN ▲
- KANA
- MAGDALA
- SEE GENNESARET
- TIBERIAS
- NAZARET
- JORDAN
- GEBIET der ZEHN STÄDTE

0 — 10 — 20 km

Galiläa

Über das erste öffentliche Auftreten von Jesus berichten die Evangelisten, dass es im Norden des Landes, in Galiläa, stattfindet. Der Evangelist Markus schreibt davon, dass Jesus in Galiläa predigt. Der Evangelist Lukas schreibt Ähnliches, betont dann aber besonders eine Predigt in der Synagoge von Nazaret.
Beim Evangelisten Matthäus verlässt Jesus Nazaret und beginnt seine Verkündigung in Kafarnaum.
Der Evangelist Johannes legt den Beginn des öffentlichen Auftretens von Jesus auf die Hochzeit von Kana.
Alle diese Orte liegen in der Nähe des Sees Gennesaret.

Schau auch im Lexikon unter Betsaida, Galiläa, Kafarnaum, Kana, Nazaret, See Gennesaret und Tiberias nach.

See Gennesaret

Judäa zu der Zeit von Jesus

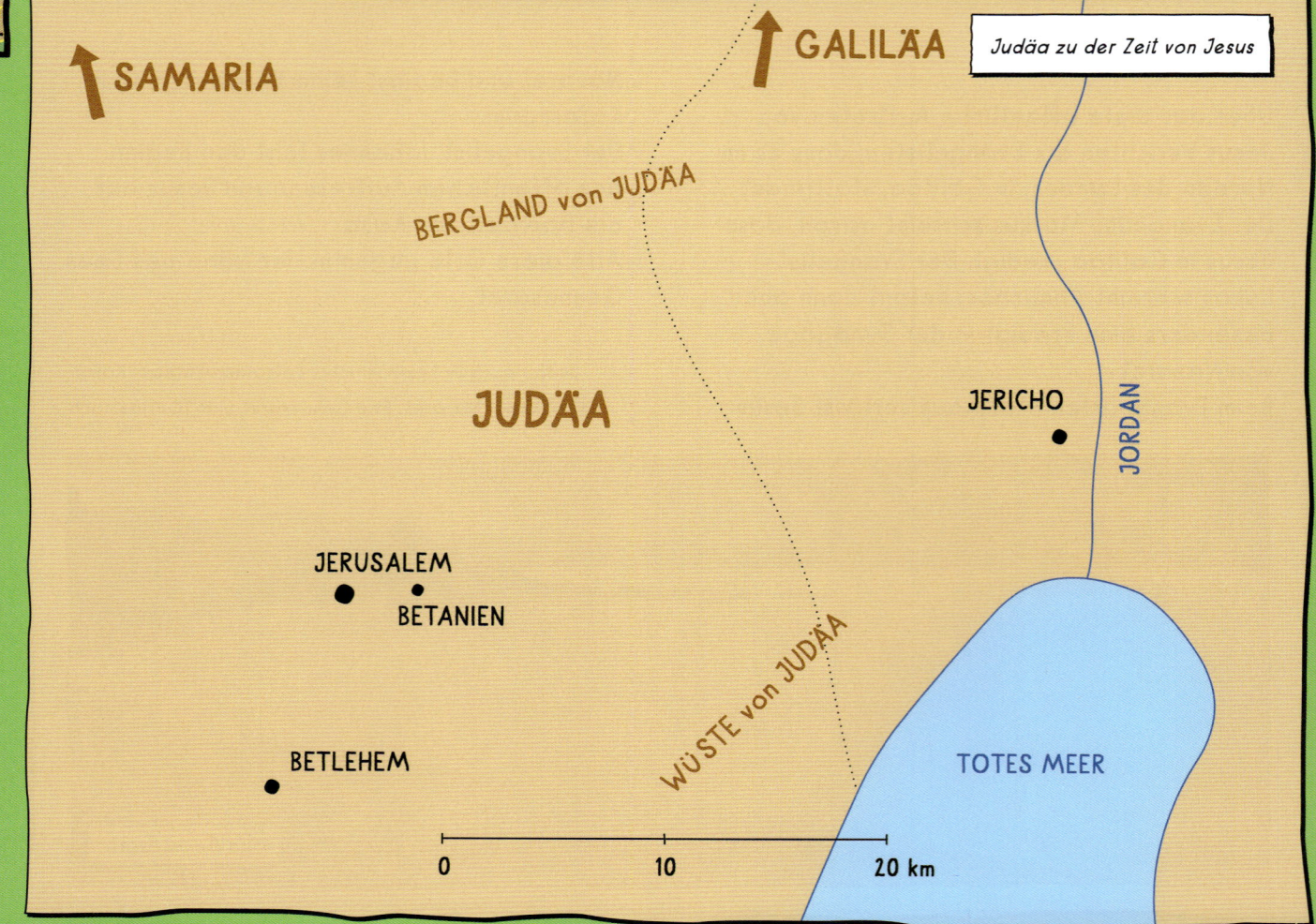

↑ SAMARIA ↑ GALILÄA

BERGLAND von JUDÄA

JUDÄA

JERICHO

JORDAN

JERUSALEM
BETANIEN

WÜSTE von JUDÄA

BETLEHEM

TOTES MEER

0   10   20 km

Judäa

Zum Paschafest besuchen viele Jüdinnen und Juden die Stadt Jerusalem, um im Tempel zu opfern und zu Gott zu beten.

Die Evangelisten berichten, dass auch Jesus mit seinen Freunden und Freundinnen nach Jerusalem zieht, um dort mit ihnen das Paschafest zu feiern. Von Jericho brauchen sie zu Fuß ungefähr einen Tag nach Jerusalem hinauf.

Jericho liegt etwa 350 Meter unter dem Meeresspiegel. Die Stadt Jerusalem ist dagegen auf einem Berg in ca. 800 Meter Höhe gebaut.

In Jerusalem steht der Palast des Königs und des römischen Statthalters von Judäa.

Zu den wichtigen Festen ist Pontius Pilatus, der römische Statthalter, in der Hauptstadt anwesend.

Er bewahrt die Gewänder des jüdischen Hohenpriesters in seiner Burg Antonia auf und gibt sie zu den großen Festen heraus. Deswegen ist er auch zu jener Zeit in Jerusalem, als Jesus festgenommen wird.

Schau auch im Lexikon unter Betlehem, Jericho, Jerusalem, Jordan, Judäa und Samaria nach.

Wüste von Judäa

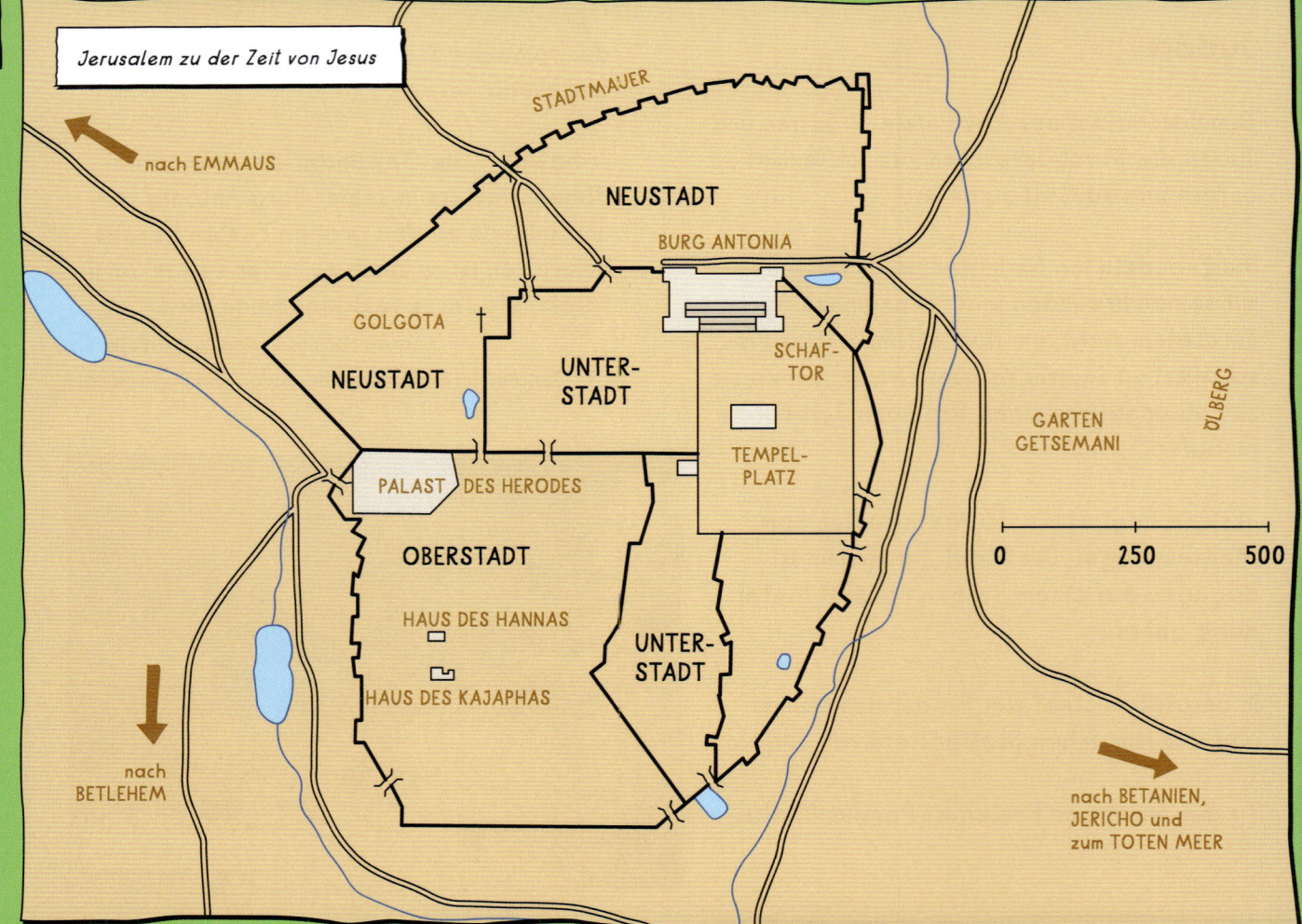

Jerusalem zu der Zeit von Jesus

- nach EMMAUS
- STADTMAUER
- NEUSTADT
- BURG ANTONIA
- GOLGOTA
- NEUSTADT
- UNTERSTADT
- SCHAFTOR
- TEMPELPLATZ
- GARTEN GETSEMANI
- ÖLBERG
- PALAST DES HERODES
- OBERSTADT
- HAUS DES HANNAS
- HAUS DES KAJAPHAS
- UNTERSTADT
- nach BETLEHEM
- nach BETANIEN, JERICHO und zum TOTEN MEER

0   250   500

Jerusalem

Jerusalem ist die Hauptstadt von Judäa. Zu der Zeit von Jesus wohnt König Herodes im Königspalast in Jerusalem.

In Jerusalem ist der große jüdische Tempel, den König Salomo erbauen ließ. Zu den wichtigen Festen – Pascha, Schawuot, dem jüdischen Wochenfest, Sukkot, dem Laubhüttenfest – besuchen viele Juden und Jüdinnen diesen Tempel in großen Wallfahrten. Er ist für sie das Haus und die Wohnung Gottes.

Die Evangelisten berichten, dass auch Jesus mit seinen Freunden und Freundinnen nach Jerusalem geht, um dort mit ihnen das Paschafest zu feiern. Jesus stirbt vor den Toren Jerusalems und wird dort in einem Felsengrab beigesetzt. Als die Frauen am frühen Morgen zu Grab kommen, ist das Grab leer, und Jesus ist auferstanden. In Jerusalem begegnet der auferstandene Christus seinen Freundinnen und Freunden und sendet ihnen zu Pfingsten seinen heiligen Geist.

Die Burg Antonia ist der Sitz des römischen Statthalters Pontius Pilatus in Jerusalem.

Schau auch im Lexikon unter Garten Getsemani, Hügel Golgota, Jerusalem, Ölberg und Tempel nach.

Jerusalem zu der Zeit von Jesus

Prof. Dr. Andrea Klimt

Jahrgang 1962, lehrt Praktische Theologie an der Theologischen Hochschule Elstal und ist Pastorin im Ehrenamt der „projekt:gemeinde" in Wien. Sie studierte Evangelische Theologie in Hamburg und Wien, bildete sich als Gestaltpädagogin, Bibliodrama-Ausbilderin, Wirtschaftstrainerin und systemischer Coach fort, und arbeitete an dem Curriculum für die Ausbildung von Religionspädagoginnen und -pädagogen für den freikirchlichen Schulunterricht mit. Sie ist mit Pastor Walter Klimt verheiratet und hat zwei Kinder.

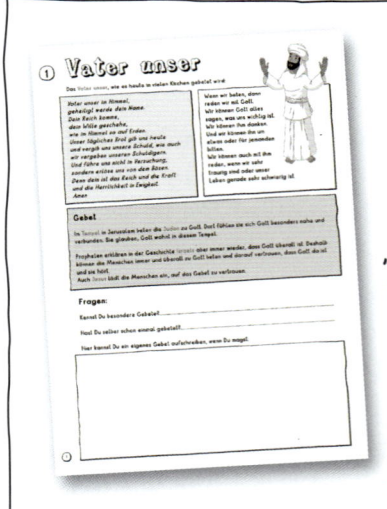

Tom Klengel,

geboren 1968 in Hall in Tirol, aufgewachsen in Graz in der Steiermark, Papa von Suna, Stief-Papa von Inka, Opa von Mathi und Leon, lebt mit seiner liebsten Claudia als Grafiker, Fotograf, Zeichner und Maler in Wien und Wiener Neudorf in Niederösterreich.

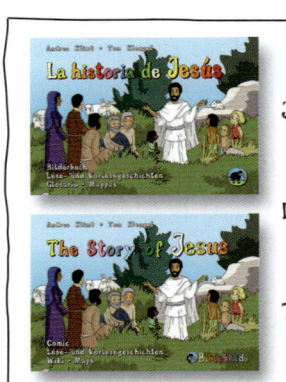

„Jesus für die ganze Familie" ist seit Jahren auch als Schulbuch erfolgreich. Lern- und Lehrmaterial gibt es jetzt zum Download unter
www.kinderbibel.net/didaktisches-arbeitsmaterial

Kinderbibel

Jesus für die ganze Familie
ISBN ePUB   978-3-903325-02-9
ISBN Kindle E-Book   978-3-903325-03-6

La historia de Jesús
ISBN ePUB   978-3-903325-14-2
ISBN Kindle E-Book   978-3-903325-15-9

The Story of Jesus
ISBN ePUB   978-3-903325-08-1
ISBN Kindle E-Book   978-3-903325-09-8